中国名门家风丛书

王志民 主编　　王钧林 刘爱敏 副主编

琅玡诸葛氏家风

汲广运 著

人民出版社

总　序

优良家风：一脉承传的育人之基

王志民

家风，是每个人生长的第一人文环境，优良家风是中华优秀传统文化的宝库，而文化世家的家风则是这座宝库中散落的璀璨明珠。

历史上，中国是一个传统的农业宗法制社会，建立在血缘、婚姻基础上的家族是社会构成的基本细胞，也是国家政权的基础和支柱。《孟子》有言："国之本在家，家之本在身"，所谓中华文明的发展、传承，家族文化是个重要的载体。要大力弘扬中华优秀传统文化，就不可不深入探讨、挖掘家族文化。而家风，是一个家族社会观、人生观、价值观的凝聚，是家族文化的灵魂。

以文化教育之兴而致世代显贵的文化世家，在中华文明发展史上，是一个闪耀文化魅力之光的特殊群体。观其历程，先后经历了汉代经学世家、魏晋南北朝门阀士族、隋唐至清科举世家三个不同发展阶段。汉代重经学，经学世家以“遗子黄金满籯，不如教子一经”的信念，将“累世经学”与“累世公卿”融二为一，成为秦汉大一统之后民族文化经典的重要传承途径之一。魏晋南北朝是我国历史上一个分裂、割据，民族文化大交流、大融合时期，门阀士族以“九品中正制”为制度保障，不仅极大影响着政治、经济的发展，也是当时的文化及其人才聚集的中心所在。陈寅恪先生说：汉代以后，“学术中心移于家族，而家族复限于地域，故魏、晋、南北朝之学术宗教皆与家族、地域两点不可分离”。隋唐以后，实行科举考试，破除了门阀士族对文化的垄断，为普通知识分子开启了晋身仕途之门。明清时期，科举更成为唯一仕进之途。一个科举世家经由文化之兴、科举之荣、仕宦之显的奋斗过程，将世宦、世科、世学结合在了一起，成为政权保护、支持下的民族文化及其精神传承的重要节点连线。中国历史上的文化世家不仅记载着中华文化发展的历史轨迹，也积淀着中华民族生生不息的精神追求，是我们今天应该珍视的传统文化宝库。

分析、探究历史上文化世家的崛起、发展、兴盛，尤其是其持续数代乃至数百代久盛不衰的文化之因，择其要，则首推良好家风与优秀家学的传承。

优良家风既是一个文化世家兴盛之因，也是其永续发展之基。越是成功的家族，越是注重优良家风的培育与传承，越是注重优良家风的传承，越能促进家族的永续繁荣发展，从而形成良性的循环往复。家风的传递，往往以儒家伦理纲常为主导，以家训、家规、家书为载体，以劝学、修身、孝亲为重点，以怀祖德、惠子孙为指向，成为一个家族内部的精神连线和传家珍宝，传达着先辈对后代的厚望和父祖对子孙的诫勉，也营造出一个家族人才辈出、科甲连第、簪缨相接的重要先天环境和文化土壤。

通观中国历代文化世家家风的特点，具体来看，也许各有特色，深入观其共性，无不首重两途：一是耕读立家。以农立家，以学兴家，以仕发家，以求家族的稳定与繁荣。劝学与励志，家风与家学，往往紧密结合在一起。文化世家首先是书香世家，良好的家风往往与成功的家学结合在一起。耕稼是养家之基，教育即兴家之本。“学而优则仕”，当耕、读、仕达到了有机统一，优良家风的社会价值即得到充分的显现。二是道德传家。道德为人伦之根，亦为修身之基。一个家族，名显当世，惠及子孙者，唯有道德。以德治家，家和万事兴；以德传家，代代受其益。而道德的核心理念就是落实好儒家的核心价值观：仁、义、礼、智、信。中国传统知识分子的人生价值追求及国家的社会道德建设与家族家风的培育是直接紧密结合在一起的。家风是修身之本、齐家之要、治国之基。文化世家的优良家风积淀着丰厚的道德共识和治家智慧，是我们当今应该深入挖掘、阐释、弘扬的优秀传统文化宝藏。

20世纪以来，中国社会发生了巨大的质性变化：文化世家存在的政治、经济、文化基础已经荡然无存，它们辉煌的业绩早已成为历史的记忆，其传承数代赖以昌隆盛邃的家风已随历史的发展飘忽而去。在中国由传统农业、农村社会加速向工业化、城市化转变的今天，我们还有没有必要去撞开记忆的大门，深入挖掘这一份珍贵的文化遗产呢？答案应该肯定的。习近平总书记曾经满含深情地指出："不忘历史，才能开辟未来；善于继承，才能善于创新。优秀传统文化是一个国家、一个民族传承和发展的根本，如果丢掉了，就割断了精神命脉。"优秀的传统家风文化，尤其是那些成功培育了一代代英才的文化世家的家风，积淀着一代代名人贤哲最深沉的精神追求和治家经验，是我们当今建设新型家庭、家风不可或缺的丰富文化营养。继承、创新、发展优良家风是我们当代人必须勇于开拓和承担的历史责任。

在中华各地域文化中，齐鲁文化有着特殊的地位与贡献。这里是中华文明最早的发源地之一，在被当代学者称为中华文明“轴心时代”的春秋战国时期，这里是中国文化的“重心”所在。傅斯年先生指出：“自春秋至王莽时，最上层的文化，只有一个重心，这一个重心，便是齐鲁。”（《夷夏东西说》）秦汉以后，中国的文化重心或入中原，或进关中，或迁江浙，或移燕赵，齐鲁的文化地位时有浮沉，但作为孔孟的故乡和儒家文化发源地，两千年来，齐鲁文化始终以“圣地”特有的文化影响力，为民族文化的传承、儒家思想的传播及中华民族精神家园的建设作出了其他地域难以替代的贡献。齐鲁文化的丰厚底蕴和历史传统，使齐鲁之地的文化世家在中国古代文化世家中更具有一种历史的典型性和代表性，深入挖掘和探索山东文化世家对研究中国历史上的文化世家即具有一种特殊的意义和重大价值。

自2010年年初，由我主持的重大科研攻关项目《山东文化世家研究书系》（以下简称《书系》）正式启动。该《书系》含书28种，共约1000万字，选取山东历史上的圣裔家族、经学世家、门阀士族、科举世家及特殊家族（苏禄王后裔、海源阁藏书楼家族等）五个不同类型家族展开了全方面探讨，并提出将家风、家学及其与文化名人培育的关系作为研究的重点，为新时期的家庭教育及家风建设提供历史的范例。该《书系》于2013年年底由中华书局出版后，在社会上、学术界都引起了较大反响。山东数家媒体对相关世家的家风

进行了追踪调查与深度报道，人们对那些历史上连续数代人才辈出、科甲连第的世家文化产生了浓厚的兴趣；对如何吸取历史上传统家风中丰富的文化滋养，培育新时期的好家风给予了更多的关注与反思。人民出版社的同志抓住机遇，就如何深入挖掘、大力弘扬文化世家中的优良家风，培育社会主义核心价值观，重构新时代家风问题，主动与我们共同研究《中国名门家风丛书》的编撰与出版事宜，在全体作者的共同努力下，经过一年多的努力，终于完成。

该《中国名门家风丛书》，从《书系》所研究的28个文化世家中选取了家风特色突出、名人效应显著、历史资料丰富、当代启迪深刻的家族共11家，着重从家风及家训等探讨入手，对家族兴盛之因、人才辈出之由、优良道德传承之路等进行深入挖掘，并注重立足当代，从历史现象的透析中去追寻那些对新时期家风建设有益的文化营养，相信这套丛书的出版会受到社会各界的关注与喜爱！

2015年9月28日

于山东师范大学齐鲁文化研究院

目录

前　言

家风一般是由家规、家诫和家族成员之间言传身教而形成的相对固定的家族风尚，是家族传统文化的重要组成部分。其主要内容是立身做人做事的行为准则，核心是价值观，与社会风尚和民族精神关联度较高。在我国古代，家风是名门之所以成为名门的主要文化传统。从某种意义上讲，所谓世家名门的延续，实际上是一种血缘遗传和家风的传承、创新、发展。

本书试图概述琅玡诸葛氏家族的家风，探讨该家族在鼎盛时期的家风内容，家风传承创新以及人才培养，以期对当今的家庭教育、家风培育和后才培养提供参考和借鉴。

琅玡诸葛氏家族曾经是琅玡阳都（今山东省沂南县）的名门望族，因培育了千古贤相诸葛亮而闻名天下。琅玡诸葛氏家族是中华民族大家庭中的重要一员，以智慧和忠贞见长的诸葛氏家族文化，是中国优秀传统文化的重要组成部分，为丰富和发展中国优秀传统文化作出了贡献。诸葛氏家族在两汉三国两晋南北朝时期，家风渐成，人才辈出，留下了宝贵的精神财富。

琅玡诸葛氏家风的文字载体和形成标志是诸葛亮撰写的家训《诫子书》、《又诫子书》和《诫外生书》。反映诸葛氏家风的诸葛氏族人的名言警句较多。例如，诸葛亮语："志当存高远"，"静以修身，俭以养德"，"淫慢不能励精，险躁不能治性"，"合礼致情，适体归性"，"非澹泊无以明志，非宁静无以致远"，"非学无以广才，非志无以成学"，"势利之交，难以经远。士之相知，温不增华，寒不改叶，能四时而不衰，历夷险而益固"，"鞠躬尽瘁，死而后已"，"人之忠也，犹鱼之有渊。鱼失水则死，人失忠则凶"。诸葛丰言："杀身以安国，蒙诛以显君。"诸葛靓说："在家思孝，事君思忠，朋友思信。"诸葛恢说："尊五美，屏四恶，进忠实，退浮华"等。这些言论主要涉及修身、养性、立志、成学、广才、接世、礼仪等方面，是诸葛氏家风的主要文字载体。

在历史上，琅玡诸葛氏家族没有人总结其家风，但是，从诸葛丰、诸葛瑾、诸葛亮、诸葛诞、诸葛恪、诸葛恢等诸葛氏英杰身上和诸葛亮家训中可以看出，在西汉到三国时期，琅玡诸葛氏家族已经形成了内容较为固定、影响较为深远的家风，如刚直、忠诚、博学、尚智、笃实、躬行、澹泊、宁静、俭廉等。

琅玡诸葛氏家风内涵丰富，特色鲜明，具有较强的教化作用，在其优良家风的浸润、熏陶下，琅玡诸葛氏家族自诸葛珪始至汉末魏晋时期，人才辈出且功绩卓著，声名显赫，成就了琅玡诸葛氏家族的“天下盛族”地位。

值得一提的是，琅玡诸葛氏家族的优良家风，不仅在诸葛氏后裔中得到传承、创新，而且在其他家族中也得到了不同程度的弘扬，对我国的家教文化产生了一定的影响。诸葛亮之后的历代家教多引用诸葛亮家训或受琅玡诸葛氏家风的影响、启发。

更为重要的是，以忠君爱国为核心，以智慧见长的琅玡诸葛氏家风，与以爱国主义为核心的中华民族精神是一致的，与中华民族崇尚智慧的传统也是一致的，影响了一代又一代的中国人。琅玡诸葛氏家族的家风中的训诫“志当存高远”，“静以修身，俭以养德”，“非澹泊无以明志，非宁静无以致远”，“非学无以广才，非志无以成学”，“鞠躬尽瘁，死而后已”等成了多数中国人熟知的名句，甚或被奉为座右铭。

最后需要说明的是，琅玡诸葛氏家风有着极其丰富的内容，由于资料的缺乏和本人水平所限，这本小册子的出版只能算作初步的尝试，诚望有识之士批评指正。

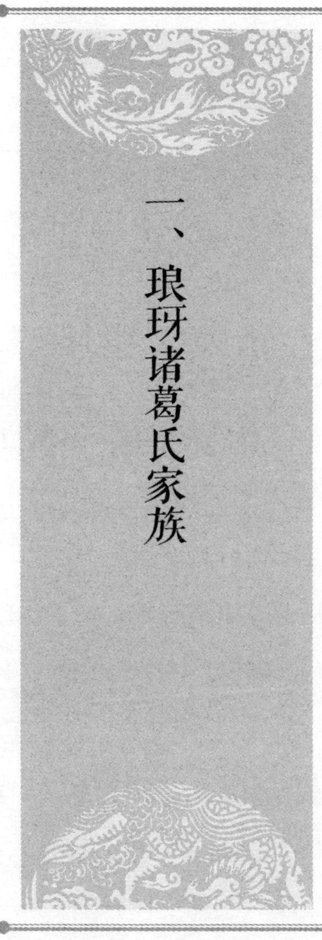

一、琅玡诸葛氏家族

琅玡，或作琅琊、琅邪。春秋时齐国已在琅玡山下置邑，称琅玡邑。秦并六国后设琅玡郡，并改齐国之琅玡邑为琅玡县，其郡、县治所皆在琅玡。西汉时，先后设琅玡郡、琅玡国，国除后又改设琅玡郡，郡治由琅玡迁东武（今山东诸城）。东汉光武帝建武十五年（39），封皇子刘京为琅玡公。建武十七年（41），又封刘京为琅玡王。刘京就国后，国都先由东武迁到莒（今山东莒县），后又由莒迁至开阳（今属山东临沂市，在阳都以南约二十公里处）。琅玡国共传七世，延续一百四十余年，国都皆在开阳。

诸葛氏家族因郡望在琅玡而被称为“琅玡诸葛氏家族”。在西汉时期，诸葛氏家族先居诸县（今山东诸城市西南），后徙阳都（今属山东省沂南县），皆处琅玡郡的重要区域，是阳都望族。在琅玡文化的影响下，诸葛氏家学和家风初成，为诸葛氏族人的成才奠定了坚实的文化基础。在三国两晋时期，诸葛氏家族英贤辈出，涌现出了诸葛瑾、诸葛亮、诸葛诞、诸葛恪、诸葛恢等历史英杰，声名显赫，成为天下盛族。

（一）琅玡阳都望族

南北走向的九鼎莲花山以东六里许，沂河自北逶迤而南，奔流不息，与山相望而行；山之阴、山之阳则别有汶河、蒙河自西北流向东南汇入沂河。于是，山岿然，水长流，一山三水之间形成了一方山川秀丽，土肥水美，林茂粮丰，冬少极寒，夏不见盛炎，赛过江南的灵秀俊美之地。因此，到了明代，山左诗坛领袖、翰林院编修、诸葛亮的同乡公鼐仍称阳都“烟水之胜，轶于江南”。

值得一提的是，汶河入沂处，白石众多，远眺如肥羊闲卧草原，近观如多姿白牛散处石林，鸟瞰如异形珍珠撒落大地。静谧之日，鱼翔浅底，水鸟嬉戏，风景优美，令人流连忘返；风雨之时，水大击石，波浪翻腾，轰鸣之声如鼓角争鸣，传至数十里。这便是著名的“沂阳八景”之“石鸣风雨”。

这里，便是诸葛亮的故乡——琅玡郡阳都县的治所（今

“沂阳八景”之“石鸣风雨”遗址

属山东省沂南县砖埠镇)。

秦汉时期的琅玡郡、琅玡国所辖地域虽有变动，但都处在北靠沂山、蒙山，东南濒海，西连中原的区域内。域内有沂河、沭河、汶河、蒙河等，水系发达，属地中曾有承接东夷文化的莒、齐、鲁、郯、楚等国，文化底蕴深厚。这种得天独厚的自然地理和人文地理条件，使琅玡文化具有兼容性和经世致用等特点。

在内容方面，琅玡文化既有齐文化的开拓进取、足智多谋，又有鲁文化的敦厚淳朴、仁智好礼，还兼有楚文化的典章华丽、吃苦耐劳。在学术思想方面，在琅玡地区，无论齐学、鲁学，还是今古文经学，都可以在这里传播。如传今文《尚书》者有伏氏世家及殷崇，传古文《尚书》者有王璜；传《齐诗》者有伏理、伏湛、伏黯、师丹、皮容，传《鲁诗》者有王扶，传《韩诗》者有王吉；传《公羊春秋》者有王吉、贡禹、王中、公孙文、东门云、左咸、莞路，传《穀梁春秋》者有房凤，等等。至于《易》学，汉代立于官学的有三大家，即施、孟、梁丘。其中，“梁丘”即梁丘贺、梁丘临父子，是琅玡诸县人；“施”派《易》学的主要传人，也有琅玡人鲁伯与邴丹；“孟”为东海孟喜，是今临沂兰陵人。黄老思想也在琅玡地区广泛传播。汉初黄老之学的代表人物盖公曾在琅玡一带讲学。

琅玡人治学讲究经世致用，琅玡人读书，多半是从书中吸取有益于经国济民的成分，而很少有穷守章句者，如王吉、贡禹、王中等人治《公羊春秋》，就重在领会其“六合同风，九州共贯”的“大一统”思想，并贯穿于各自的政治实践中。即使有些经师精研学问，目的也还是“接世”。如《易》学大师梁丘贺，官至太中大夫、给事中、少府；贡禹以治《公羊春秋》而官至御史大夫；师丹以治《诗》而官至大司空；西汉经学家匡衡，以说《诗》著称，元帝时位至丞相；民间《易》学传人琅玡王璜更以精通《尚书·禹贡》而提出治河方案，为朝廷所采纳。所以从历史上看，琅玡地区虽学者林立，但大都已转化为著名的政治家或军事家，而很少有皓首穷经的经学家。这对琅玡诸葛氏家族的发展、诸葛氏家学家风的形成产生了极为重要的影响，也是后来诸葛亮能够博览群书，博采众长，最终成了伟大的政治家、思想家而没成为某一方面的“专家”的主要原因之一。

诸葛氏本来是琅玡诸县葛氏的一支。西汉元帝时，诸县的葛氏迁居到琅玡阳都后，因为当地已经有姓葛的，为了与当地姓葛的区别开来，便称为诸葛氏。诸葛丰是历史记载的第一个姓诸葛的人，是琅玡诸葛氏的始祖。

诸葛丰与治《公羊春秋》的贡禹关系密切。贡禹不仅是诸葛丰的学业前辈，而且是诸葛丰进入仕途的领路人和上级，诸葛丰开始为官是贡禹提拔的。贡禹为人“质直”，为官“不阿当世”，对诸葛丰“特立刚直”品格的形成起到了很大的作用，进而对诸葛氏家风的形成起到了奠基作用。此外，诸葛丰还与贡禹的同郡好友王吉，公羊学大家王中，易学大家梁丘贺、梁丘临父子关系密切，并接受过黄老思想，这种以儒学为主，兼采他学的做法与琅玡地区的学术氛围是一致的，对诸葛氏家学的形成及诸葛亮的成长影响较大。

诸葛丰曾担任西汉司隶校尉，因此，诸葛氏家族自诸葛丰开始便是琅玡阳都比较有影响的家族。

司隶校尉是汉代国家的监察官。监察权是其主要、基本的权力。除了监察权以外，还拥有治安、领兵、议政、荐举、社会事务管理等多种权力。汉武帝刘彻为了加强京城的治安，设立了司隶校尉一职，其主要职责是监察京城百官和三辅（西汉时本指治理京畿地区的三个职位的官员——京兆尹、左冯翊、右扶风，后来指这三个职官管辖的地区）、三河（指河东、河内、河南三郡）及弘农七郡的官员。司隶校尉初设时能持节，表示受君令之托，有权弹劾公卿贵戚，所以地位较高。诸葛丰担任司隶校尉对提高诸葛氏家族的地位起到了较大的作用。

东汉时，见于史册的诸葛氏名人主要有诸葛稺、诸葛礼、诸葛珪、诸葛玄等人。

诸葛穉，曾任轞尉，即卫将军，是统率卫士守卫宫禁之官。他曾领兵制止长安长乐宫的混乱。

诸葛礼，曾担任济阴郡（今山东菏泽）太守。

诸葛珪（？—187），字君贡，曾任太山（即泰山，今山东泰山一带）郡丞，是诸葛瑾、诸葛亮的父亲。

诸葛玄（？—197），字胤谊，与荆州牧刘表是故交，曾代理豫章郡（今江西南昌）太守，是诸葛亮的叔叔。

可见，在两汉时期，地处琅玡文化中心的诸葛氏家族高官较多，是琅玡阳都的望族。这对诸葛亮等琅玡诸葛氏子弟的成长、成才产生了较大的影响。

（二）“一门三方为冠盖”

东汉末年，为躲避战乱，诸葛亮和弟弟诸葛均跟着到豫章任太守的叔父诸葛玄迁移到了南方。随后，诸葛瑾携其继母和两个妹妹避乱到了江东。诸葛亮的族弟诸葛诞则迁徙到了中原。

在三国的历史舞台上，琅玡诸葛氏家族发挥了重要的作用。孙吴的诸葛瑾、诸葛恪父子，蜀汉的诸葛亮、诸葛瞻父子，曹魏的诸葛诞等，分布三国，皆为俊杰，声名显赫，

山东省沂南诸葛宗祠的诸葛珪

在孙吴、蜀汉和曹魏分别建立了非凡的功业。所以，《三国志·吴书》载，诸葛氏“一门三方为冠盖，天下荣之”。

“冠盖”，古代指官吏的帽子和车盖，借指“官吏”。意思是说诸葛氏一家在三个国家都为官吏，天下人以之为荣。

《太平御览》又载：“诸葛氏……三国之兴，蜀有丞相亮，吴有大将军瑾，魏有司空诞，名并盖海内，为天下盛族。”意思是说在三国兴旺的时候，蜀国有丞相诸葛亮，吴国有大将军诸葛瑾，魏国有司空诸葛诞，诸葛氏家族是天下兴盛的大家族。

1. 诸葛瑾、诸葛恪在吴国为官

诸葛瑾（173—241），字子瑜，曾游学京师洛阳，学习、研究《毛诗》、《尚书》和《左氏春秋》等，具有较深厚的儒学基础。他胸怀宽广，温厚诚信，以孝闻名。他在东汉末年因为避乱到达江东后，凭借自己的才华和婚姻等因素，很快与江东权贵和名士结交，与他们形成了生活上互相周济，仕途上相互提携的局面。

建安五年（200），孙策被刺杀。孙权继承兄业后，广招人才。孙权的姐夫曲阿人弘咨深知诸葛瑾的为人和才华，就把诸葛瑾推荐给了孙权。孙权很器重诸葛瑾，先任命诸葛瑾

山东省沂南诸葛宗祠的诸葛瑾

为长史，后任命为中司马。

建安二十四年（219），中司马诸葛瑾随吴军征讨关羽，因军功被封为宣城侯，以绥南将军的身份代替大将吕蒙担任南郡太守。蜀章武元年（221），刘备以替关羽报仇为名举兵伐吴，诸葛瑾领军配合大都督陆逊，惨败刘备于夷陵。吴黄武元年（222），诸葛瑾因军功升为左将军，督公安，假节，封宛陵侯。此后，诸葛瑾便开始独立领军，频繁与魏军作战。吴黄武八年（229），孙权称帝，诸葛瑾被任命为大将军、左都护，领豫州牧。至此，诸葛瑾已成为吴国屈指可数的举足轻重的人物。吴赤乌十二年（241），诸葛瑾病逝，享年68岁。

诸葛恪（203—253），字元逊，诸葛瑾的长子。他才思敏捷，英才卓越，是迁徙到吴国的北方士族第二代的代表人物，深受孙权赏识，不到20岁就被拜为骑都尉。孙登为太子时，诸葛恪为左辅都尉，是东宫幕僚领袖，曾任丹杨太守，平定山越。陆逊病故后，诸葛恪领其兵，为大将军，主管上游军事。孙权临终前，任诸葛恪为托孤首席辅政大臣。孙亮继位后，诸葛恪掌握吴国军政大权。他革新政治，并率军抗魏取得大捷，颇孚众望。此后诸葛恪开始轻敌，大举兴兵伐魏，惨遭失败。253年，孙峻经过精心策划，利用诸葛恪进见孙亮的机会，将其刺杀。诸葛恪的儿子诸葛竦、诸葛建及外甥张震、常侍朱恩等同时被杀，被灭三族。

诸葛恪的弟弟诸葛融（？—253），字叔长，是诸葛瑾的三子。诸葛融性宽容，多技艺，善书法，学为章句，博而不精，善交游、娱乐。先被拜为骑都尉，后为公安督，转奋威将军。诸葛恪被刺杀时，诸葛融驻兵在外，孙峻也派人前往拘捕。诸葛融得到消息后饮药自杀，他的三个儿子也都被诛杀。这样，琅玡诸葛氏江东一系遭到了覆灭性的打击。

幸好诸葛瑾的第二个儿子诸葛乔，字仲慎，曾过继给诸葛亮为子，才为琅玡诸葛氏江东诸葛瑾一支留下了血脉。诸葛乔到蜀国后，改字伯松，拜为驸马都尉。诸葛乔虽系嗣子，但诸葛亮对他要求非常严格，为了锻炼他的能力，诸葛亮北伐时，将诸葛乔带到前线，安排他担负山区押解军粮的工作。蜀建兴六年（228）街亭战役时，诸葛乔为保护粮草安全，在撤兵过程中，与敌人力战而死，年仅25岁。诸葛乔生子诸葛攀，在蜀国官至行护军翊武将军。吴永安元年（258），孙休（孙权第六子）即位并清除了孙峻等人的势力，宣布为诸葛恪平反昭雪后，诸葛攀还嗣诸葛瑾，回东吴续宗。诸葛攀生子诸葛显，为诸葛瑾一支延续了血脉。

2. 诸葛亮、诸葛瞻在蜀国为官

诸葛亮（181—234），字孔明，是琅玡诸葛氏家族的代表人物。建安十二年（207），刘备三顾茅庐请诸葛亮出山，诸葛亮献《隆中对》，并很快促成了刘备与东吴孙权的联盟，在赤壁大败曹操率领的军队。建安十六年（211），刘备率众入川。建安十九年（214），刘备取成都。继而又击败曹军，夺得汉中。刘备称帝后，诸葛亮为丞相录尚书事，假节，主持朝政。接着诸葛亮“南抚夷越”，促进了蜀汉社会经济的发展。刘禅继位后，改元“建兴”，封丞相诸葛亮为武乡侯，领益州牧，诸葛亮成了蜀国事实上的主事人。

为了巩固蜀汉政权，诸葛亮“内修政理”，外与吴国结盟友好。在此基础上，为了实施既定的北伐魏国、“兴复汉室，还于旧都”的战略规划，自建兴六年（228）春初次北伐，到建兴十二年（234）秋，诸葛亮共率军进行了五次大规模的北伐行动。建兴十二年（234）八月，诸葛亮因积劳成疾，病死在五丈原军中，终年 54 岁。

诸葛瞻（227—263），字思远，是诸葛亮的长子。诸葛亮去世后，诸葛瞻袭爵武乡侯。17 岁时，被后主刘禅招为驸马，拜骑都尉。后历任羽林中郎将、射声校尉、侍中、尚书仆射加军师将军等职。景耀四年（261），为行都护卫将军，与辅国大将军董厥共同执掌尚书事。史传，他记忆力很好，并工于书画，从政方面也有好的名声。景耀六年（263），魏国三路大军伐蜀。诸葛瞻督军抵挡。魏将邓艾派

山东省沂南诸葛宗祠的诸葛亮

使者以表诸葛瞻为“琅玡王”相诱，劝他投降。诸葛瞻怒斩来使，率军与魏军决战于绵竹，因寡不敌众，壮烈战死，享年37岁。这时，诸葛瞻年仅17岁的长子诸葛尚见父亲战死，便单骑冲入敌阵，也英勇战死。

3. 诸葛诞在魏国为官

诸葛诞（？—258），字公休，是诸葛亮的族弟。他从琅玡阳都到达魏国后，参与“浮华交会”，成为早期玄学名士，先以尚书郎为荥阳令，接着任吏部郎。诸葛诞既有时誉，又有办事能力，所以很快升任御史中丞、尚书。魏正始（240—249）年初，诸葛诞被委任为扬州刺史，加昭武将军。魏嘉平三年（251）诸葛诞为镇东将军，假节，都督扬州诸军事，封山阳亭侯。嘉平四年（252），东吴大将军诸葛恪与魏国镇东将军诸葛诞展开大战。结果诸葛诞失利，被调为镇南将军，督豫州。

这时，魏国大权已落在司马懿的儿子司马师、司马昭兄弟手中。他们逼着皇太后废了曹芳，另立曹髦为帝。公元255年，扬州刺史文钦和镇东将军毌丘俭，假冒太后诏书，列举司马师罪状，起兵声讨司马师，并派使者游说诸葛诞，劝诸葛诞一同举事。诸葛诞出于对曹魏的忠诚，当即斩了来

山东省沂南诸葛宗祠的诸葛诞

使，并昭布天下，以明心迹。司马师征讨毌丘俭，遣诸葛诞督豫州诸军，随讨叛军。是役，诸葛诞首先攻下寿春，因战功卓著，进封高平侯，食邑3500户，转为征东大将军，成为曹魏举足轻重的人物。加上诸葛诞的女儿嫁给了司马懿的儿子司马伷，诸葛、司马两家有了联姻关系，因此，司马氏要取代曹魏，便不可忽视诸葛诞。于是，司马昭派人探试、拉拢诸葛诞，但诸葛诞直接表示效忠曹魏，并以十多万人据守寿春，拥兵淮南。这使司马氏感到威胁很大。

甘露二年（257）五月，司马昭采纳谋士贾充的建议，晋升诸葛诞为司空，召其进京，兵权交给扬州刺史乐綝。诸葛诞深知，司空虽然位列“三公”，但无实际权力。司马昭升他为司空，实是明升暗降。为了自保，他一方面攻杀扬州刺史乐綝，尽收扬州甲兵及军粮，集于寿春，闭门自守；另一方面以儿子诸葛靓为人质，派长史吴纲到吴国求救。东吴闻讯，派兵救援。六月，司马昭挟魏帝东征，统率26万大军征讨诸葛诞，并遣镇南将军王基及安东将军陈骞围寿春。寿春城破，诸葛诞奋力突围，但被追杀，被夷灭三族。

诸葛诞既是威震一方的帅才，也是曹魏精忠不贰之臣，还是深得民心的官僚，声名虽比诸葛亮、诸葛瑾略逊一筹，但也绝非等闲之辈。所以《世说新语·品藻》载：“诸葛瑾弟亮及从弟诞，并有盛名，各在一国。于时以为蜀得其龙，吴得其虎，魏得其狗。”意思是说诸葛瑾和他的弟弟诸葛亮以及诸葛诞，各在一国，都有很大的名声。在当时，人们认为蜀国得到了龙，吴国得到了虎，魏国得到了狗，以龙、虎、狗比喻诸葛亮、诸葛瑾、诸葛诞三兄弟。也就是说，在魏晋之间，人们对诸葛亮、诸葛瑾、诸葛诞兄弟的评价，已形成了比较一致的看法，以“龙”、“虎”分别比喻诸葛亮、诸葛瑾兄弟，自然是一种褒扬和赞誉，而以“狗”比喻诸葛诞，也是一种褒奖，只是就诸葛氏兄弟三人对时局的影响及其事功的大小来说，诸葛诞相对较小罢了。

事实上，诸葛诞的声名虽比诸葛亮、诸葛瑾略逊一筹，但他参与“浮华交会”，是早期玄学名士之一，以尚书郎任荥阳令，累迁御史中丞尚书，后任扬州刺史，加昭武将军，封山阳亭侯，进封高平侯，转征东大将军，也是对魏国时局影响较大的人物。

三国时期，在史籍中见到的在魏国、吴国和蜀国任职的诸葛氏族人还有诸葛璋、诸葛虔、诸葛原、诸葛直、诸葛壹、诸葛均等。

诸葛璋，任魏国谒者仆射。

诸葛虔，曹魏将军。

诸葛原，字景春，三国时期的学士和曹魏官吏，好卜筮，与大术士管辂相友善。曾任馆陶县令，官至新兴太守。

诸葛直（？—231），三国时吴国人。230年，诸葛直和卫温一起登上今台湾岛，是第一批宣示中国对台湾拥有主权的人之一。因为没有找到亶洲，回国后和卫温一同被处死。

诸葛壹，吴国将领，诸葛瑾后代。

诸葛均，诸葛亮的弟弟，生子诸葛望，官至蜀国长水校尉。

（三）“王葛”并称

诸葛瞻和他的长子诸葛尚牺牲后，诸葛瞻的次子诸葛京及诸葛攀的儿子诸葛显在咸熙元年（264）移居河东郡（治所在今山西夏县西北）。诸葛京相继担任郿令、江州（今重庆）刺史，政声很好。但是，这一时期支撑琅玡诸葛氏家族的是诸葛诞一支。诸葛诞的女儿嫁给司马懿的儿子司马伷，虽然没有阻止司马氏诛杀诸葛诞三族，但为琅玡诸葛氏家族在曹魏后期，特别是两晋时期的发展，或者说再度崛起，奠定了坚实的基础。

诸葛诞的儿子诸葛靓，字仲思。甘露三年（257）诸葛诞举兵反对司马昭时，长史吴纲带着诸葛靓到吴国称臣求援，曾担任吴国的右将军、大司马。寿春兵败时，诸葛诞被杀，遭夷灭三族，诸葛靓因在东吴而幸免。

西晋建立后，司马伷参与指挥了灭吴战役，功勋卓著，甚得晋武帝司马炎的赏识。西晋咸宁六年（280）三月，吴国灭亡，诸葛靓被带到京都洛阳。司马伷夫妇在晋武帝面前做了不少工作，以确保诸葛氏的门户地位。晋武帝司马炎主动与诸葛靓见面，并命其为侍中，但诸葛靓以孝义之名拒绝。可见，由于琅玡王司马伷、诸葛太妃夫妇的活动，琅玡诸葛氏在西晋没有因诸葛诞兵变而受到严重的影响，家族地位依然非常重要。后来，诸葛靓的长子诸葛颐，为晋元帝所器重，官至太常；次子诸葛恢才能出众，显赫一时。

诸葛恢，字道明，曾在即丘（今属山东省临沂市）、临沂县为官，以善于处理实务，笃实躬行而见于史册。西晋末年，为躲避战乱，诸葛恢随司马氏与琅玡王氏等一起到了江东，他先为司马睿主簿，继而迁江宁令，不久因参与讨伐扬州刺史周馥有功，封为博陵亭侯，迁镇东参军，出任会稽太守。司马睿称帝后，诸葛恢迁任中书令。太宁二年（324），晋明帝司马绍讨伐王敦，以诸葛恢为侍中，封为建安伯，拜后将军、会稽内史。在会稽内史任上，诸葛恢为官三年，政清人和，在诸郡中首屈一指，累迁至尚书右仆射，加散骑常侍、银青光禄大夫、尚书令。晋成帝即位后，加侍中、金紫光禄大夫。晋康帝即位，仍加侍中、金紫光禄大夫。62 岁去世，被追赠为左光禄大夫、仪同三司，祠以太牢，谥号曰敬。

诸葛恢有三子三女：长子诸葛虨，嗣父爵，官至散骑常侍；次子诸葛甝，赐关内侯；三子诸葛衡，官至荥阳太守，娶河南邓攸女。

诸葛恢才智过人，政绩显赫，一生越西、东两晋；历武、惠、怀、愍、元、明、成七帝之多。在朝代更迭频繁的政治大气候下为官，且能作出很好的政绩，可见诸葛恢为官、为政、为人之术是相当精到的。由于诸葛恢的贡献及诸葛太妃等诸葛氏族人的努力，两晋之际，琅琊诸葛氏的门望进一步上升，以至于一度成为与琅琊王氏争竞“姓族先后”的显赫门第。

琅琊王氏是兴盛于今山东省临沂市的我国著名的门阀士族。西汉中期，琅琊王氏家族的地位逐渐提升，东汉末年，王祥、王览兄弟崛起，确立了琅琊王氏的高门地位。西晋时期，琅琊王氏跻身于一流门阀士族之列，至两晋之际，琅琊王氏家族的代表人物王导、王敦等人辅助晋宗室司马睿自琅琊渡江南下，开创了东晋百年基业，由此奠定了琅琊王氏家族的江南一流高门的根基，出现了“王与马，共天下”的局面，涌现出了王戎、王衍、王敦、王导、王羲之、王献之等历史名人。

实事求是地讲，琅玡诸葛氏难与琅玡王氏并称，但是，《世说新语·排调》记载："诸葛令、王丞相，共争姓族先后，王曰：'何不言葛、王，而云王、葛？'令曰：'譬言驴、马，不言马、驴，驴宁胜马邪？'"《晋书·诸葛恢传》也记载了此事。

这段诸葛恢与王导"争姓族先后"的故事，虽有口头争辩，或有戏言的成分，但也足见当时琅玡诸葛氏的门望之高。这在诸葛氏的婚姻上也有所表现。如诸葛恢长女诸葛文彪，嫁给太尉庾亮的长子庾会。丈夫被苏峻杀害后，改嫁江虨。次女，嫁泰山郡望族徐州刺史羊忱之子尚书郎羊楷。小女诸葛文熊，嫁陈郡人尚书谢裒之子谢奕。庾、羊、江氏都是当时影响较大，握有一定军政实权的家族，在讲究婚姻门第的年代，都与琅玡诸葛氏联姻，可见琅玡诸葛氏的门第之高。

两晋时期，诸葛氏后裔还有诸葛绪、诸葛冲、诸葛婉、诸葛长民、诸葛攸、诸葛骧、诸葛侃、诸葛求、诸葛瑶等。

诸葛绪在曹魏时，曾任太山太守、雍州刺史，参与过灭蜀之战，是魏国灭蜀的三支大军主帅之一，其间被钟会诬陷而收其军队。入西晋后，曾任太常、卫尉等官。诸葛绪有二子：长子诸葛冲，字茂长，仕西晋，官至廷尉；次子诸葛宏，字茂远，仕西晋，官至司空主簿。诸葛冲有二子一女：

长子诸葛铨，字德林，仕西晋官至兖州刺史，散骑常侍；次子诸葛玫，字仁林，仕西晋官至御史中丞。

东晋大臣诸葛长民（？—413），有文武才干，但品行不检点，名声不佳。晋安帝元兴二年（403），桓玄篡晋，诸葛长民跟随刘裕、何无忌等推翻桓玄，迎晋安帝司马德宗复位，因功升任辅国将军、宣城内史。后因大败桓玄的三哥桓歆而被封为新淦县公，督淮北诸军事，任青州刺史，领晋陵太守，都丹徒。不久，转督豫、扬等六郡诸军事、徐州刺史，领淮南太守。义熙九年（413），诸葛长民被太尉刘裕杀掉。诸葛长民的二弟诸葛黎民，自恃骁勇过人，曾一再鼓动诸葛长民造反。诸葛长民被杀后，他全然不惧，奋战良久，力竭而亡。诸葛长民的三弟诸葛幼民，曾任大司马参军，也被刘裕派兵杀死。

诸葛攸，字成林，官至太山太守。诸葛骧，官至征西将军。

诸葛侃，官至督护。

诸葛求，曾为刘牢之参军。

诸葛瑶，曾是东晋丞相王导的堂兄、权臣王敦的部属。

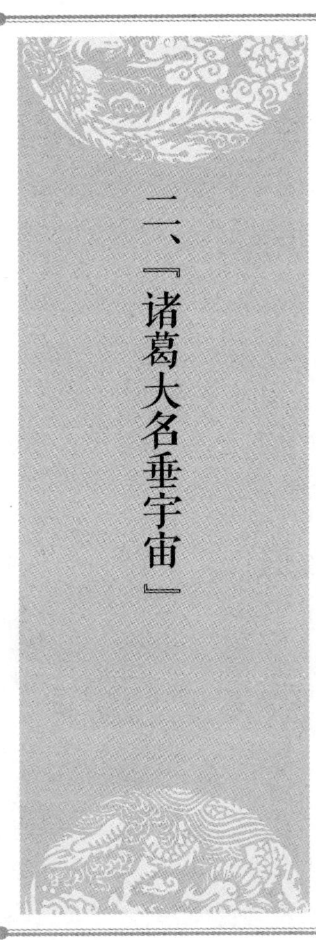

二、『诸葛大名垂宇宙』

“诸葛大名垂宇宙”是唐代伟大的现实主义诗人杜甫（712—770）赞颂诸葛亮的诗句。

766年，也就是唐朝大历元年的一天，杜甫在长江三峡瞻仰了武侯祠。他进入祠堂，瞻仰诸葛亮遗像，不由肃然起敬。遥想一代贤相诸葛亮，雄才大略，高风亮节，多智忠诚，鞠躬尽瘁，死而后已，不禁心生万般敬慕之情，并发而为诗，写出了“诸葛大名垂宇宙，宗臣遗像肃清高”的千古名句。

上下四方为“宇”，古往今来为“宙”，杜甫所写的“垂宇宙”一句，将时间和空间综合起来考虑，以激情昂扬的笔触，高度赞颂了诸葛亮光辉的一生。他认为诸葛亮名满寰宇，万世不朽；诸葛亮的英名永远留在天地之间，诸葛亮的遗像清高，让人肃然起敬。

诸葛亮是琅玡诸葛氏子弟的主要代表，是三国时期著名的政治家、军事家、思想家，也是琅玡诸葛氏家风的主要承载者和弘扬者，是一个令人敬仰的光彩照人的智者、忠臣、良相，也是一个实实在在的人。但是，随着历史的变迁和众人的演绎，他的形象日益高大，由一个时期的杰出人物，演变成了超越时空的典范，甚至变成了无所不知、无所不能、尽善尽美、完美无缺的完人和神。因此可以说，在现实中存在着两个诸葛亮：一个是历史上真实的诸葛亮；一个是历代人们传颂和演绎的诸葛亮。

（一）历史上的诸葛亮

诸葛亮，字孔明，东汉灵帝光和四年（181），出生于山清水秀的琅玡阳都。建兴十二年（234）八月，他积劳成疾，病逝于五丈原（今陕西省宝鸡市岐山县）军中，终年54岁。

1. 少别阳都

诸葛亮3岁时，母亲章氏病逝。6岁时，诸葛亮开始上

山东省沂南县阳都古城遗址

私塾，学习儒家经典。诸葛亮 8 岁时，父亲诸葛珪病逝。此后，诸葛珪的子女皆由其弟诸葛玄抚养。初平四年（193），诸葛亮 13 岁时，为躲避战乱，他和弟弟诸葛均随着叔父诸葛玄离开故土阳都，先到达豫章，后到达荆州。建安二年（197 年）正月，诸葛玄被杀以后，17 岁的诸葛亮与姐姐、弟弟迁移到了荆州所管辖的南郡襄阳隆中。

诸葛亮幼年时，非常好学，在阳都至今还流传着他“喂鸡求学”和“助人求教”的故事。

传说诸葛亮在阳都跟着私塾先生学习。先生养了一只大公鸡，公鸡一到晌午就啼叫，听到鸡叫，先生就下课了。可是，诸葛亮学习如饥似渴，还想听课，很想让先生多讲一会儿。

怎么办呢？幼小的诸葛亮想了又想，但是没有办法。

有一天中午，诸葛亮发现鸡叫的时候，师娘一喂鸡，鸡就不叫了。于是，诸葛亮以后每天上学时，都抓些粮食装在衣服口袋里，临近晌午，估计鸡快叫的时候，就撒些粮食喂鸡，鸡吃着粮食就不叫了，先生讲课的时间也就多了。结果，每次都是师娘做好了饭以后，来请先生吃饭，先生才下课。

时间长了，先生感到奇怪，为什么大公鸡不按时叫了呢？其实，细心的师娘早已发现了其中的秘密。见先生奇怪，就笑着说：“你这个当先生的，还不如小诸葛呢！”于是

山东省沂南县的少年诸葛亮雕塑

她把诸葛亮用粮食喂鸡的事，一五一十地告诉了先生。

先生听后，先是一愣，接着哈哈大笑起来，心想诸葛亮喂鸡求学，真是聪明过人，用心良苦，由小见大，将来必成栋梁之才。因此，先生不仅没有责怪诸葛亮，反而从此以后，更加用心地教诸葛亮读书了。

诸葛亮 10 岁的时候，阳都有个比他大三四岁的少年非常聪明，懂得的东西也比诸葛亮多，诸葛亮经常虚心向他请教。

每次请教时，诸葛亮都称他为“先生”。但是，这位“先生”因为有许多家务活要干，经常没有时间教诸葛亮。于是，聪明又勤劳的诸葛亮为了能有更多的时间向他请教，就经常帮着他打扫庭院、挑水等，干一些力所能及的活。两年后，诸葛亮的才学超过了那个小伙子，那个小伙子反而有空就向诸葛亮讨教，但是，诸葛亮还称他为“先生”，还照旧帮着那个小伙子打扫庭院、挑水。

这样，诸葛亮助人求教的故事在阳都一度传为佳话。

2. 耕读隆中

诸葛亮在《出师表》中说：“臣本布衣，躬耕于南阳。”东晋著名史学家、文学家习凿齿在其著《汉晋春秋》中

河南省南阳诸葛草庐

湖北省襄阳古隆中牌坊

也说："亮，家于南阳之邓县，在襄阳城西二十里，号曰隆中。"

隆中是一个半封闭的山峪，主峰在北面，名为隆中山，南有乐山与主峰隔谷相望，整个山势呈回环形。东面是开口平缓而开阔的谷底，可种植庄稼，向阳的山坡宜于造庐而居。诸葛亮到达隆中后，就是在这里安家、耕种、读书求知的。

诸葛亮到达隆中时，他叔叔的朋友、荆州刺史刘表已在襄阳治理荆州三年了。

刘表（142—208），字景升，山阳高平人，鲁恭王的后裔，年轻时受到了良好的儒家教育。初平元年（190），长沙太守孙坚杀荆州刺史王睿后，刘表出任荆州刺史。

刘表"爱民养士"，力求励精图治，在对外问题上，他采取了拥兵自重的政策，尽量避免与其他实力派发生大的冲突，以免造成百姓流离失所、生灵涂炭的局面；在经济上，他有效地利用当地各大家族的势力，推行了各种行之有效的措施，使得农业生产得到了很大的恢复和发展，以至于许多士民逃离中原后，选择前往荆州避难，荆州变成了东汉后期的一片乐土。

特别值得一提的是，刘表对教育十分重视，他在襄阳"起立学校，博求儒术"，聘请当世可与郑玄比肩的经学大家宋忠为文学。诸葛亮到达襄阳后，就在刘表设立的襄阳学业堂学习。

在诸葛亮的师长中，对诸葛亮影响最大的是庞德公和司马徽。

庞德公是襄阳人，东汉名士，比司马徽大 10 岁，被司马徽尊称为“庞公”。他出生于襄阳地方世家望族，是襄阳名士，也是襄阳地区在野士人的领袖。庞德公很赏识诸葛亮，赞誉诸葛亮为“卧龙”，而称庞统为“凤雏”。

据陈寿著《三国志》记载，诸葛亮对庞德公事之以师礼，“每至其家，独拜床下，德公初不令止”。当时，庞德公隐居在襄阳的岘山之南，以耕读为业，闲暇时以琴书自娱自乐，不愿意出山为官。荆州刺史刘表多次诚恳邀请他为官，都遭到拒绝。由于坚请不出，刘表只好亲自登门拜访。庞德公正在耕作，两人就在地里交谈了起来。

刘表说：“你怎么能不做官呢？一个人不做官，只能保全自身，而不能保全天下呀！”庞德公回答说：“鸿鹄鸟筑巢于高林之上，晚上才能有栖息的地方；鼋鼍的穴在深渊之下，天黑以后才能有住宿的地方。取舍行止也是人的巢穴，各得其栖宿处罢了，天下不用保。”他用生动、形象的比喻，说明了动物各有所求、人各有其志的原因。

刘表听了，觉着有道理，但还是不死心，于是接着又问："先生您辛苦地在田间耕种而不肯做官领俸禄，那在您百年之后，拿什么留给子孙呢？"庞德公回答说："当官的人把财物留给了子孙，留给子孙的是贪图享乐、好逸恶劳的坏习惯，实际上是把危险留给了子孙。我把耕读的传统留给子孙，实际上是把安居乐业留给了子孙。都有所留，只是所留下的东西不同罢了，不能说我没有留下什么东西。"刘表见劝说不动他，只好叹息而去。

诸葛亮和他的姐姐到了隆中以后，以耕读为生，虽然有些落魄，但毕竟是琅玡阳都望族出身，所以，不久，诸葛亮的二姐就嫁给了庞德公的儿子庞山民。有了这层关系，诸葛亮拜庞德公为师就方便多了。

但是，庞德公不理会诸葛亮。每次诸葛亮到庞德公家，都跪拜在庞德公的床前，希望能拜庞德公为师。庞德公连理都不理，不仅不收诸葛亮为徒，而且也不制止诸葛亮跪拜，想让诸葛亮知难而退。

哪知诸葛亮拜师心切，长跪不起。结果庞德公被诸葛亮虚心向学和真诚求教的态度感动，就收诸葛亮为徒。

诸葛亮从庞德公那里学到了很多东西，对诸葛亮的成才起到了关键的作用。同时，庞德公对诸葛亮也很赏识，他称赞诸葛亮为"卧龙"。这对诸葛亮留名于世，被世人了解、看重起到了很好的作用。

司马徽（？—208），东汉末年著名隐士，庞德公送号“水镜先生”。认为司马徽对人物的评价，如水之清，可以鉴影；如水之平，公正恰当。

据王瑞功编著的《诸葛亮志》记载，在学习方法和学识上对诸葛亮影响最大的是司马徽。

司马徽崇尚古文经学，与郑玄、宋忠并称为东汉和三国时期影响最大的古文经学派大师。郑玄活跃在北方，主要影响在黄河流域，被称为北方学派。司马徽和宋忠相聚襄阳，执教于“学业堂”，是诸葛亮的恩师，以他们为中心形成了荆州学派。

北方经学派注重章句训诂、考据，杂以谶纬，追求深奥、复杂。荆州学派“讲论义理”，崇尚简约。琅玡诸葛氏家族的家学是古文经学，诸葛亮的哥哥诸葛瑾，治《毛诗》、《尚书》、《左氏春秋》，研修古文经学，诸葛亮自然也不例外。有古文经学基础的诸葛亮，因受到司马徽等人简约学风的影响，形成了读书不“务于精纯”，而是“观其大略”的风格。

“观其大略”的反面是“务于精纯”。中国古代的典籍浩如烟海，一个人要想在年轻时把所有的典籍都阅读一遍，事实上都是不可能的，想“务于精纯”地学习更是不可能的。但是，大多数人的治学和思维方法往往是“务于精纯”。从某种意义上讲，这样做是没有必要的，甚至是有害的。如果专门搞学术研究则另当别论。

诸葛亮“观其大略”的读书方法克服了“务于精纯”的缺点，但是，“观其大略”不是粗枝大叶、读书粗疏，而是提纲挈领、化繁为简，注重经世致用的读书方法。这种方法善于从总体上、宏观上、整体上把握所读材料的精神实质，是从大处着眼，在过滤杂质的基础上，萃取出精华和本质的东西。这是一种战略的、全局的、联系的思维和观念，与就事论事的观念完全不同。这是诸葛亮能够博览群书，博采众长的原因，也是诸葛亮最终成了伟大的政治家、思想家而没成为经学家的基本原因。

另据王瑞功编著的《诸葛亮志》记载，司马徽非常看重诸葛亮，曾指点他进一步拜师学艺：“以君才当访名师，益加学问，汝南灵山酆公玖熟谙韬略，余尝过而请教，如蠡测海，盍往求之。”并引诸葛亮至山，“拜玖为师”。在这里，司马徽有三层意思：一是自谦，认为自己虽然也是名师，但是，人外有人，天外有天，诸葛亮应该另拜其他名师学习；二是司马徽对诸葛亮很尊重，称呼诸葛亮为“君”；三是激励诸葛亮不断学习，遍访名师，博采众长。

诸葛亮也明白恩师的意思，但他舍不得离开恩师。最后，在恩师的劝说下，诸葛亮才勉强同意。于是，司马徽向诸葛亮推荐了汝南灵山隐士酆公玖。

酆公玖是当地的名士，他学问高深，十分熟悉韬略，对排兵布阵、谋略战法、阴阳五行都颇有研究，但隐于山中，不轻易收徒。司马徽曾经向他请教过，认为酆公玖的学问像大海一样深不可测。因此，他亲自向酆公玖引荐了诸葛亮。

司马徽把诸葛亮领到了汝南灵山酆公玖的住处，对酆公玖说：“诸葛亮是可造之才，将来必成大器，希望先生能收他为徒。”酆公玖对诸葛亮早有耳闻，便说：“听说诸葛亮是‘卧龙’，山村老朽，不敢误人子弟，你们还是回去吧。”看来，酆公玖对诸葛亮半信半疑，不肯收为徒弟。司马徽非常着急，便反复地向酆公玖推介诸葛亮。好说歹说，酆公玖看在司马徽的面子上，才点头让诸葛亮留下。

司马徽很高兴，赶紧让诸葛亮行拜师礼。诸葛亮也非常激动，郑重地行完拜师礼，从此成了隐士酆公玖的学生。

但是，诸葛亮在灵山住了一年，酆公玖什么都没有教。尽管这样，诸葛亮还是每天都对酆公玖早请安、晚服侍，帮酆公玖研墨、洗笔、泡茶、端水、采集药材等，闲暇时则认真地看书学习，处事谨慎而有条理。

一年后，酆公玖看到诸葛亮沉稳、谨慎、恭敬有诚意，才拿出《三才密箓》、《兵法阵图》、《孤虚相旺》等书，叫诸葛亮学习、揣摩、研究，开始对诸葛亮进行精心指导。这使诸葛亮的军事素养和阴阳五行知识大增。诸葛亮出山后，文韬武略十分了得，与隐士酆公玖的教诲是分不开的。

在同学中，与诸葛亮最亲密的有徐庶、石韬、孟建、崔州平等。

徐庶，字元直，颍川阳翟（今河南禹州）人。幼年行侠仗义，常以仁侠自居，曾替人鸣不平，杀人遁迹他乡。后经过刻苦学习，终于成为一代名士。他与司马徽、诸葛亮等人为友。当诸葛亮隐居隆中时，徐庶和崔州平经常与诸葛亮畅谈天下形势。徐庶在司马徽的规劝下，投奔刘备，刘备以上宾礼待徐庶，并任命其为军师，共谋天下大业。后因曹操囚禁徐庶的母亲，徐庶迫不得已离开了刘备而投奔了曹操。临行前，徐庶向刘备推荐了诸葛亮。

石韬，字广元，颍川人。初平年间（190—193），中州兵起，与徐庶南下，客居襄阳。

孟建，字公威，汝南（今河南平舆县北）人，193年前后避难到襄阳。

崔州平，博陵安平（今河北安平）人。他的父亲崔烈在中平四年（192）任太尉，后为乱兵所杀。不久，崔州平南下襄阳避难。

当时，诸葛亮、徐庶、石韬、孟建、崔州平等人风华正茂，意气勃发，经常相聚一起纵论天下大事，畅谈人生理想，相伴求师问教，相互切磋学问，情投意合，堪为知己。徐庶和崔州平特别相信诸葛亮的才能。陈寿著《三国志·诸葛亮传》载：诸葛亮“每自比于管仲、乐毅，时人莫之许也。惟博陵崔州平、颍川徐庶元直与亮友善，谓为信然”。

当然，徐庶、崔州平对诸葛亮也多有指点，以至于多年后诸葛亮还说：“惟徐元直处兹不惑……苟能慕元直之十一……有忠于国，则亮可少过矣。”又说：“昔初交州平，屡闻得失；后交元直，勤见启诲。”（陈寿：《三国志·董和传》）

但是，诸葛亮与徐庶、石韬、孟建、崔州平等人的学习方法完全不同。徐庶、石韬、孟建、崔州平等人读书“务求精纯”，诸葛亮则“独观其大略”。善于站在历史发展的新的起点或新的高度上，从总体上理解把握书意，汲取书中的有利于经国济民的有益成分。

诸葛亮在隆中耕读之余，还广交社会名流。他在隆中结交的社会名流有襄阳权贵和名门才俊，如以刘表为代表的当权派，代表人物有刘表、刘琦、蒯越、蒯良、蒯琪等。另有庞、黄、马、习、杨诸家，主要代表人物是庞德公、黄承彦、马良、习祯、杨虑等，他们是大族中的在野派。其中，诸葛亮与黄承彦有着姻亲、朋友、师徒等关系。

诸葛亮广交社会名流的主要目的是切磋交流学识，听取名士贤达的意见，了解天下大势。当然，诸葛亮也得到了名士们的认可，并娶到了沔南名士黄承彦的女儿。

据习凿齿《襄阳耆旧记》记载："黄承彦，高爽开朗，为沔南名士，谓孔明曰：'闻君择妇；身有丑女，黄头黑面，才堪相配。'孔明许焉，即载送之。"

原来，诸葛亮在襄阳隆中时，学习如饥似渴，读书特别用功，到二十多岁时，家中的藏书，以及老师、亲戚、朋友家中的藏书，能借的都借来阅读过了。无书阅读的诸葛亮非常着急。

一天，他听说沔南名士黄承彦家中藏书很多，就安顿好了弟弟诸葛均，急急忙忙地上路了。

诸葛亮一路风餐露宿，几经周折，终于找到了黄承彦。"黄先生，您好！晚生诸葛孔明，听说府中典册秘籍众多，想借来一阅，望成全。"诸葛亮恭敬地说。黄承彦一看，面前站着一位身长八尺、风流倜傥、英气勃发的后生，心中暗喜，但是冷冷地说："家中藏书不多，从不外借。"他想考验一下诸葛亮。

诸葛亮见借书不成，也没有灰心，就找个地方住下了。第二天，他发现黄承彦养了两只大仙鹤，在黄先生放鹤时，他跟先生点了点头，不管先生是否同意就走了过去。没想到，两只仙鹤像跟他有缘似的，围着他翩翩起舞，欢快吟唱，十分亲昵。

黄承彦大为惊奇，两个人就此谈了起来。不一会儿，二人互有相见恨晚之感，遂结成了忘年交。

黄承彦将诸葛亮接到家中，不仅让诸葛亮阅读所有藏书，而且将家中收藏的所有奇珍异宝都拿出来，让诸葛亮把玩、欣赏。日子一天一天地过去了，黄承彦发现诸葛亮不仅英俊潇洒，读书很多，而且记忆力超强，理解力非凡，志向高远，不由得深深地喜爱上了他，便试探着问他可愿意做自己的女婿，出乎意料的是，诸葛亮欣然同意了。原来，诸葛亮早就知道黄承彦家中有才女了。

婚事一定，两只仙鹤却死了。黄承彦认为这是天意，亲自收了仙鹤的翎毛羽绒，安葬了鹤体。

诸葛亮与黄承彦的女儿结婚时，黄承彦将一把精致的鹤翎羽扇赠给了爱婿，谆谆告诫说："贤婿呀，仙鹤乃神灵警醒之奇禽，至微之情亦能预先感知。此扇非凡物，此后须臾不可离手，切记遇事'机警'、'谨慎'……"从此，诸葛亮手中多了一把羽毛扇。

婚后，小两口要回隆中了，黄承彦命人将一只大箱子搬上了车，黄承彦的女儿将一件亲手织就的鹤羽八卦氅披在了夫君身上，并告诉他鹤氅仙品，雨雪难浸。同时说："爹的心思全花在你身上了，那一箱子是我家祖传的秘藏宝书，我都不得看，你好造化呢！”

就这样，诸葛亮因借书而成就了好姻缘。至今，湖北省仙桃市西南沔阳故城北门外还有沔阳武侯读书台。据传，这是诸葛亮到沔阳向黄承彦求教、读书的地方。

在隆中，诸葛亮在向名师学习的同时，带着姐姐和弟弟靠耕田种农作物维持生活，还留下了一段“拜老农为师”的佳话呢。据于襄生主编的《隆中志》记载，诸葛亮到隆中后，经常和弟弟诸葛均一起亲自耕种土地。一年深秋的一天，诸葛亮早上起床后，看到艳阳高照，便和弟弟诸葛均一起将家里的粮食拿出来晒。正当他们忙得不亦乐乎的时候，来了一个50岁左右的农民，以一种异样的眼神看着他们，但是不说话。

诸葛亮感到莫名其妙，就走过去问那老农：“请问老先生，您为什么这样看着我们？”老农笑着说：“没什么，我只是奇怪，你们为什么今天晒粮食。”诸葛亮更不明白了，便说：“先生您看，今天天气晴朗，太阳高照，正是晒粮食的好时候呀！”老农嘴边露出一丝微笑，慈祥地说：“呵呵，小伙子，看来你还不知道，今天会下雨呀！”这时，诸葛亮认为老农故弄玄虚，也忍不住笑了：“先生说笑了！”说完，又忙着晒粮食去了。老农见状，摇摇头走了。

接近晌午，天果然下雨了，将诸葛亮晒的粮食都淋湿了。

但是，诸葛亮不明白，那老农为什么会知道天会下雨呢。便去请教老农。老农告诉他："小伙子，这是我们种田人的经验呀！农谚说：'秋冬东南风，雨下不相逢。春夏西北风，夏来雨不从。'现在是秋天，今天早上东南风很盛，预示着不出午时，必有雨下。"

诸葛亮这才知道，自己的知识实在是太少了。于是，他拜老农为师，学习看天气的方法和农耕知识。老农也知无不言，言无不尽，还带着他去拜访其他有经验的农民。这不仅使诸葛亮掌握了农耕知识，而且为诸葛亮"上知天文，下知地理"打下了坚实的基础。

据陈寿著《三国志》记载，诸葛亮在隆中耕读时，还"常抱膝长啸""自比于管仲乐毅"，并"好为《梁父吟》"。

诸葛亮经常抱膝长啸，不是悠闲无聊之举，而是以"啸"抒发激荡于胸中的豪情之气和成竹在胸的自信之气，与他把自己比作春秋时期齐国著名的政治家、军事家管仲和战国后期杰出的军事家乐毅一样，都是志向的显现和自信的体现。

《梁父吟》是一首流传在齐鲁梁父山一带的挽歌，是诸葛亮家乡的歌。讲述了春秋时期，齐国卿相晏婴用计将齐景公的三个权臣杀死，为国除害的故事。在诸葛亮眼里，晏婴是一位善于治国、忍辱负重、品行高尚的贤相。他好为《梁父吟》，有向晏婴学习，吟歌明志的意思。

简单地说，“常抱膝长啸”，“自比于管仲乐毅”，“好为《梁父吟》”，说明诸葛亮是一位向先贤学习，静观时变，等待机遇，时刻积极准备为国家，为社会作出卓越贡献的有志青年。

总之，在隆中，诸葛亮自己实践着他“澹泊明志，宁静致远”的座右铭，躬耕陇亩，心忧天下；他在清风明月中读书，在竹林泉石旁谈古论今，或者对弈、啸吟；他在名山华府中寻找良师益友，增长才干；他日观风云变幻，夜察斗转星移，澹泊名利，不求闻达，但胸中的浩然正气、高远之志和济世之才，已经随着年龄的增长，在那青山绿水间浑然天成了。

3. 辅佐刘备

诸葛亮在隆中学有所成之时，刘备正驻扎在离隆中不远的新野。

刘备（161—223），字玄德，汉末涿郡涿县（今河北涿州）人，是汉景帝的儿子中山靖王刘胜的后裔。他少年丧父，随母贩履织席为生。他寡言少语，待人和善，喜怒不形于色，好结交豪侠，在中山大马商张世平、苏双的资助下，建立了自己的武装。关羽和张飞相继投靠他。黄巾起义爆发后，他参与镇压黄巾军，屡建战功，很快被提拔为安喜（属中山郡，今河北定县东）县尉，登上了汉末群英争雄的政治舞台。

刘备既有帝胄的光环，又有好侠善交的美誉，还有有"万人敌"之称、"恩若兄弟"的关羽、张飞的追随相助，归附他的人很多。但是，与击败了袁绍，控制了北方的曹操和继承了父兄遗业，逐步控制了大江以南的孙权相差甚远。这时，已届不惑之年的刘备，虽经几十年的厮杀打拼，略有名声，但始终凄凄惶惶，辗转依人，寄人篱下，没有一块可以立足安身的根据地。因此，为求发展，他求贤若渴。

刘备知道襄阳人才荟萃，所以，寄居在新野期间，他一边扩军，一边大力招揽人才。为了招到良才，他亲自到襄阳拜访诸葛亮的老师、素享盛誉的名士司马徽。

司马徽很热情，他不但指明了刘备所需人才是识时务的俊杰，而且高度赞美了诸葛亮和庞统。不久，徐庶到新野向刘备毛遂自荐，刘备非常器重他。徐庶见刘备真心求贤，便向刘备介绍了自己的同学、好友诸葛亮："诸葛孔明者，卧龙也，将军岂愿见之乎？"刘备急切地说："君与俱来。"徐庶则说："此人可就见，不可屈致也。将军宜枉驾顾之。"（陈

寿：《三国志·诸葛亮传》）

司马徽介绍在先，徐庶推荐在后，刘备敏锐地感到诸葛亮就是他创建大业的辅弼良才。于是，他曾三次亲自到隆中诸葛亮居住的茅屋去拜访诸葛亮，演绎了“三顾茅庐”的历史佳话。就这样，在建安十二年（207），47 岁的刘备与 27 岁的诸葛亮相遇，开始了诸葛亮辅助刘备，共谋大业的历程。

在辅佐刘备的过程中，诸葛亮主要辅佐刘备做了五件大事：

第一，提出了《隆中对》，为刘备的未来作了高瞻远瞩、切实可行的战略规划。

在拜访诸葛亮时，刘备向诸葛亮倾诉了汉朝衰落，奸佞把持朝政，皇上蒙受欺凌和他想伸张大义，平定天下，恢复汉室的志向，并请诸葛亮指点迷津。由此，诸葛亮感受到了刘备求贤的诚意和远大的政治抱负，就把自己对天下大势的分析，和早已酝酿成熟的统一天下的战略规划——《隆中对》，也称《草庐对》，毫无保留地交给了刘备。

诸葛亮的《隆中对》，通过对袁绍、曹操、孙权、刘表等军阀割据情况的分析，得出了事业的成功不在“天命”，而在“人谋”的结论；提出了建立霸业基本的方针，即对曹操“不可与争锋”，对孙权“不可图”只“可以为援”，在反对曹操这一共同利益的基础上可建立统一战线。在此前提下，先取荆州立脚；后取益州，作为鼎立兴汉的基础。之后采取四项并列措施：一是确保荆州、益州，以为战略基地；二是和抚夷越，以有稳定的后方；三是内修政理，在政治上安民；四是巩固孙刘联盟，保持睦邻友好。最终目标是攻灭曹魏，兴复汉室。这是一个成熟政治家的雄才大略，是一套比较完整的忠君报国、中兴汉室的政治主张，是一个极具进取精神且操作性极强的战略规划。因此，《隆中对》折服了刘备，坚定了刘备与诸葛亮共谋大业的信心。

从公元208年到219年，刘备基本上按照《隆中对》的战略计划，取荆州，攻汉中，即位汉中王，继而建蜀汉，称帝，使事业达到了一生的顶峰。

第二，提出了“令游户自实”计，帮助刘备扩充军队，提升财力。

据陈寿著《三国志·诸葛亮传》裴松之注引《魏略》记载，诸葛亮出山辅佐刘备后，发现寄居在刘表手下的刘备，兵力才几千人，而曹操又早已把刘备当成后患，欲除之而后快。如果曹操的大军来攻，刘备绝对不堪一击。怎么办呢？为此，诸葛亮找到了刘备。

诸葛亮问刘备：“将军认为刘表和曹操谁厉害？”刘备回答说：“刘表不及曹操。”

诸葛亮又问：“将军自己和曹操比呢？”刘备答：“我也不如曹操。”

于是，诸葛亮说：“现在你和刘表都不及曹操，而将军的军队不过数千人，凭这些军队来对抗曹操肯定是不行的，难道就没有别的办法了吗？”刘备谦虚地说：“我也正在愁这件事，你说应该怎么办呢？”

诸葛亮说：“现在荆州不是人口少，而是登记在户籍上的人少。这样，不仅赋税苛刻，难以征兵，而且居民心里也不高兴。可以和刘表说说，命令游户（没有登记的住户）自实（自己登记），这样，在户籍上的人多了，不仅利于征收赋税，而且可以征兵抵御曹操的军队了。”在这里，诸葛亮实际上是通过有理有据的分析，向刘备献出了“令游户自实”计。刘备听从了诸葛亮的计谋。

按汉朝的规定，刘备扩军必须经荆州牧刘表同意。当诸葛亮向刘备提出“令游户自实”方案后，刘表因很害怕曹操南侵荆州而自己无力抵御，也就顺水推舟同意了刘备的扩军计划。这样，诸葛亮略施小计就解决了刘备的大难题，使刘备顺利地把兵力从几千人扩充到数万人，财力也增强了。

从这件事中，刘备进一步了解到了诸葛亮的英才大略。从此，他更加敬重、依赖诸葛亮了。

刘备扩军后，刘表已卧病在床，担心刘备力量太大不好控制，便令刘备从新野移屯樊城，以便于节制。建安十三年(208)，曹操统兵南下，继任荆州牧的刘表之子刘琮，在大将蒯越和谋士傅巽的怂恿下，背着刘备派人向曹操乞降。

刘琮降曹，曹操便可轻易获得荆州的重镇襄阳，会使诸葛亮向刘备建议的先取荆州为立足之地的计划化为泡影。在这种紧急情况下，诸葛亮为大业计，劝说刘备攻伐刘琮，占据襄阳，以控制荆州。但刘备认为与刘琮既为同宗，又有刘表临终嘱托，不愿占据荆襄。这时，诸葛亮鉴于曹操和刘备实力悬殊过大，形势危迫，无奈之下建议刘备放弃樊城，南撤江陵。因为江陵不仅是荆州大郡，而且是刘表的重要军事基地，军需物资充足。若占据江陵，凭据长江天险可以抵御曹操。

襄阳民众得知刘琮降曹而刘备撤向江陵，便纷纷随刘备撤离，刘琮手下的许多将领及士卒也追随刘备南行，加之沿途百姓陆续加入撤离队伍，走到当阳时，人数已达十余万，辎重车辆达数千辆。人多路狭，拥挤不堪，行进缓慢。诸葛亮料定曹操也知道江陵的重要性，必定日夜兼程追赶而来，就建议刘备派关羽率部从水路先往江陵。果然，曹操怕刘备抢先占有江陵，便弃掉辎重，亲率精骑五千追赶，昼夜兼程行三百余里，终于在当阳的长坂（今湖北当阳县东北）追上并迅速击垮了刘备的军队。刘备与诸葛亮、徐庶、张飞、赵云等数十骑，放弃了占据江陵的计划，沿汉水方向，与关羽所率领的水军会合后，奔向刘琦控制的江夏。

刘琦能够接纳刘备，与诸葛亮曾经智救刘琦有关。据陈寿著《三国志·诸葛亮传》载：“表受后妻之言，爱少子琮，不悦于琦。琦每欲与亮谋自安之术，亮辄拒塞，未与处画。琦乃将亮游观后园，共上高楼，饮宴之间，令人去梯。因谓亮曰：‘今日上不至天，下不至地，言出子口，入于吾耳，可以言未？’亮答曰：‘君不见申生在内而危，重耳在外而安乎？’琦意感悟，阴规出计。会黄祖死，得出，遂为江夏太守。”

原来，诸葛亮在襄阳时，与荆州牧刘表一家经常来往。刘琦是刘表的长子，长得很像刘表，所以刘表十分宠爱他。

但是好景不长，刘表娶后妻蔡氏，生次子刘琮后，蔡氏疼爱刘琮，不喜欢刘琦，经常在刘表面前诋毁刘琦而赞誉刘琮，并希望刘琮将来继任荆州牧。刘表宠爱后妻，听信了后妻的话，开始喜爱小儿子刘琮，不喜欢刘琦。得到刘表重用的刘表的妻弟蔡瑁及外甥张允，也支持刘琮，刘琦的处境不妙，随时都有被陷害的可能。

刘琦深知诸葛亮聪明过人，很器重诸葛亮，想请诸葛亮出计解救自己。但是，刘琦每次向诸葛亮请教保护自己的方法，都被诸葛亮拒绝了。因为诸葛亮不愿意因卷入刘家的嫡庶争斗而招惹到不必要的麻烦。

一天，诸葛亮应刘琦之邀游览刘表的后园。游玩结束后，刘琦请诸葛亮饮酒。像往常一样，两个人一起上了高楼，开始喝酒。在饮酒正酣的时候，刘琦趁诸葛亮不注意，叫人按计划撤走了楼梯，然后对诸葛亮说："我几次向您请教自救的计策，您都怕泄露，不肯说。今天在这里，上不着天，下不沾地，话从你的嘴里说出来，进到我的耳朵里，没有别人会听见，可以说了吧?"原来，在诸葛亮屡次拒绝之后，刘琦经过精心策划，让诸葛亮疏于防备，使用了上楼抽梯之计。

事已至此，对刘琦素有好感的诸葛亮，见刘琦面临危机而且态度诚恳，便有意帮助刘琦。他没有直接回答刘琦的问题，而是问道："你不知道春秋时晋国申生在家里而遭遇不幸，重耳在外面却安全的历史故事吗?"刘琦一听就心领神会了，接着暗中谋划外出。恰逢江夏太守黄祖死了，刘琦向刘表请求到江夏带兵，得到同意后，立即出了襄阳，担任了江夏太守。

在这里，诸葛亮虽然没有直接为刘琦出计，但经他一点拨，不仅使刘琦悟出了避祸之计，而且也为后来刘备溃败逃难预留了一个立足之地，可谓一箭双雕。

第三，促成联吴抗曹战略，在赤壁之战中大败曹操的军队，进而帮助刘备控制了荆州的大部分地区。

曹操占据江陵后，基本上控制了荆州，实力大增。在他看来，刘备已不堪一击，唯一可以与之抗衡的是孙权。于是，曹操直接写信给孙权进行恫吓，希望孙权臣服。这在孙权集团中引起了强烈反响，战、降主张并存且两派展开了激烈的争论。孙权的谋士鲁肃清楚地知道孙权战而无算、和而不甘的矛盾心态，便不失时机地向孙权献出了联刘抗曹之策。孙权非常赞同并派鲁肃前往游说刘备。

刘备在隆中初次见到诸葛亮时，就同意了诸葛亮联吴抗曹的战略。在仓皇溃逃不知所向时，面对无条件的联合建议，刘备自然大喜过望。此时，诸葛亮的哥哥诸葛瑾已出任东吴孙权的长史。鲁肃见到诸葛亮，便说自己是诸葛瑾的朋友。诸葛亮深知鲁肃的人品和政治远见，二人一见如故。诸葛亮也向刘备建议说："事急矣，请奉命求救于孙将军。"刘备"即遣诸葛亮随肃诣孙权，结同盟誓"。诸葛亮到东吴后舌战群儒，明辨战与和的利弊，结果是孙权"大悦，即遣周瑜、程普、鲁肃等水军三万，随亮诣先主，并力拒曹公"。(陈寿：《三国志·诸葛亮传》）至此，诸葛亮实现了在隆中对策中提出的"东和孙权"，建立孙刘联盟的设想，为抗拒曹操的胜利和建立荆州根据地奠定了基础。

建安十三年（208)，孙刘联军火烧赤壁，以少胜多，大败曹军，史称“赤壁之战”。战后，诸葛亮以军师中郎将督察零陵、桂阳、长沙三郡，第一次担当起了事关刘备集团命脉的重任。

建安十四年（209），刘琦病死，诸葛亮及文武百官拥戴刘备为荆州牧，孙权也上表朝廷予以确认。从此，刘备人气大旺，荆州人士依附刘备者越来越多。其中著名的有黄忠、庞统、马良、陈震、廖立、蒋琬、邓方、张存、殷观、习桢、郝普、潘睿等12人。这些人加入刘备集团，在一定程度上是因为他们是诸葛亮的亲友。

建安十五年（210），南郡太守大都督周瑜病逝。刘备乘机去江东见孙权，要求孙权让出长江以北被他控制的南郡之地，孙权同意。从此，刘备取得了荆州的大部分地区，基本实现了诸葛亮在隆中战略规划中“跨有荆、益”的第一步。

第四，谋划进军益州，占领成都，助刘备称王、称帝。

为了完全实现“跨有荆、益”的战略规划，刘备安排诸葛亮以军师中郎将身份，襄赞军机，谋划西进益州事宜。同时，刘备重用“凤雏”庞统。随后，刘备将留守荆州的大任委托给诸葛亮，留下关羽、张飞、赵云等听候调遣。自己则让庞统从征，参谋军事，亲率大军由水路入川。从这一军事部署看，刘备把诸葛亮和军事主力留在荆州，主要目的是北御曹操，东防孙权。

四川省成都武侯祠

建安十九年（214），刘备命诸葛亮带兵入川攻打成都。诸葛亮留关羽守荆州，与张飞、赵云率兵溯江而上，与刘备共围成都。仅数十天，刘备就进入成都。此后，刘备以荆州牧兼领益州牧的身份，以左将军、大司马名义开府治事。拜诸葛亮为军师将军，署左将军，兼任大司马府事。

建安二十二年（217），刘备留诸葛亮坐镇成都，自己率军北伐汉中。诸葛亮在成都，边调集军饷支援前线，边积极恢复和发展社会生产，安定社会秩序，使益州根据地迅速巩固起来。史载："先主外出，亮常镇守成都，足食足兵。"（陈寿：《三国志·诸葛亮传》）

建安二十四年（219），刘备大军击败曹军，夺得汉中。刘备称"汉中王"。至此，刘备按照诸葛亮的隆中规划，巧取荆州，谋收西川，夺得汉中，实现了隆中战略中的"跨有荆、益"的第一个重要目标。从此，正式形成了与北方曹魏、江东孙吴三足鼎立的局面。建安二十六年（221）四月，刘备在成都称帝，国号"汉"，史称蜀汉或季汉，改元章武，任命诸葛亮为丞相录尚书事。张飞死后，诸葛亮兼领司隶校尉，大权在握。

第五，接受刘备托孤，辅佐刘禅。

刘备称王后，拜关羽为前将军，假节钺。同年，关羽在魏吴夹击下，失守荆州，兵败被杀。刘备称帝后，执意伐吴，为关羽报仇，众臣劝阻无效。刘备命诸葛亮辅佐太子刘禅守成都，欲择日起兵御驾亲征。张飞奉命率兵万人，自阆中会师江州。临发兵，张飞的下属割掉了张飞的头颅，投奔了孙权。刘备把张飞被害的账也算到了孙权身上，立即传旨起驾东征。

章武二年（222）秋，东征大军兵败夷陵，刘备退守鱼腹县白帝城，改鱼腹为永安。章武三年（223）二月，诸葛亮奉诏带皇子鲁王刘永、梁王刘理，到永安见驾。四月，刘备弥留之际，“托孤于丞相亮，尚书令李严为副”（陈寿：《三国志》卷三十二《先主传》），并对诸葛亮说：“君才十倍曹丕，必能安国，终定大事。若嗣子可辅，辅之；如其不才，君可自取。”诸葛亮涕泣答曰：“臣敢竭股肱之力，效忠贞之节，继之以死！”然后，刘备命内侍宣读“敕后主遗诏”。诏敕后主曰：“汝与丞相从事，事之如父。”（陈寿：《三国志·诸葛亮传》）临终时，又叮咛鲁王刘永：“吾亡之后，汝兄弟父事丞相，令卿与丞相共事而已。”（陈寿：《三国志》卷三十二《先主传》裴松之注引《诸葛亮集》）

4. 开府治蜀

章武三年（223）四月，刘备去世。五月，刘禅即位，改元“建兴”，封诸葛亮为武乡侯，“开府治事。顷之，又领益州牧。政事无巨细，咸决于亮”（陈寿:《三国志·诸葛亮传》）。

刘禅即位后，益州豪族雍闿、南中少数民族首领孟获等杀太守正昂，反蜀投吴。在他们的煽动下，牂牁太守朱褒、越儁夷王高定皆起兵响应。蜀汉处境艰难，诸葛亮命助手李严给叛乱首领雍闿写信，劝他权衡利害，停止叛乱，以图安抚而不用征讨，遭到雍闿拒绝。

建兴三年（225）春，诸葛亮成功地与东吴恢复邦交，切断了南中叛军的外援后，上书后主刘禅，决心平定南中叛乱。得到刘禅同意，蜀国军队兵分三路，进军南中。诸葛亮率主力西路攻打越巂的高定，门下督马忠率东路军攻打牂牁的朱褒，庲降督李恢率中路军直指益州的雍闿。很快平定南中。

平定南中后，诸葛亮采用设立庲降都督，掌管军政，任用当地亲蜀少数民族首领管理等措施治理南中。十二月，诸葛亮率军回到成都。

此后，诸葛亮重点实施“内修政理”的既定方针。通过选贤任能、制定法规、屯田垦荒、重视蜀锦、盐铁官营等措施，发展经济，增加税收，加强蜀汉政权的自身建设，收到了良好的效果。西晋人袁准称赞说:“亮之治蜀，田畴辟，仓廪实，器械利，蓄积饶，朝会不华，路无醉人。”评价准确而令人信服。

5. 北伐曹魏

从建兴六年（228）春，诸葛亮初次北伐曹魏，到建兴十二年（234）秋，诸葛亮病死于前线五丈原军中，六七年间，诸葛亮以汉中为根据地，前后与曹魏进行了六次大规模的战争，其中五次进攻，一次防御。史称“诸葛亮北伐”，或称诸葛亮“六出祁山”。

祁山位于甘肃礼县东侧，绵延约25公里。境内重峦叠嶂，罗峰兢峙，有“九州之名阻，天下之奇峻”之誉。祁山地处陇右，乃蜀陇过渡地带，是氐、羌少数民族集居的地区。蜀魏两国都想挟氐、羌以自重，使陇右一带成为自己的势力范围，进而一统天下。蜀汉始终遵循诸葛亮“西和诸戎”的方针，对陇右的氐、羌民族，在政治上利诱，在心理上抚慰，对与陇右有密切关系的军官给予高官厚禄。诸葛亮选取首出祁山的目的，就是将陇右一带纳入蜀汉实际的控制范围之内，进而东进中原，实现恢复汉室的政治理想。

建兴五年（227）三月，诸葛亮率领大军北驻汉中。临行前，诸葛亮上奏疏——《出师表》，言辞诚恳地开导后主，不厌其烦地布置朝政，坦诚光明地表明心意。其中特别希望刘禅广开言路，执法公平，亲贤臣，远小人。

建兴六年（228）春，诸葛亮第一次伐魏，先扬言由斜谷道攻取眉县，派赵云、邓芝率一队兵马为疑军，在箕谷吸引魏军主力曹真部，而自己则亲率大军攻打祁山。诸葛亮大军戎阵整齐，赏罚肃而号令明，南安、天水、安定三郡马上叛魏而响应诸葛亮，关中为之震动。为此，魏明帝曹叡亲自到长安坐镇，派张郃领兵 5 万抵抗诸葛亮。

当时，胜负的关键在于守住由关中入陇的咽喉要地街亭。诸葛亮派爱将马谡到街亭设防。可惜马谡既未遵诸葛亮的部署，又不接受副将王平的劝阻，弃城不守，上山设阵。张郃将蜀军包围在山上，切断水源，蜀军陷于混乱。张郃再督军大举进攻，蜀军大败，马谡逃走，街亭失守，北伐军失掉了进攻的据点和有利形势。同时，赵云在箕谷出兵不利，诸葛亮只好“拔西县千余家，还于汉中”。事后，诸葛亮为严肃军纪，挥泪斩马谡，并对有功的王平给予封赏。同时，诸葛亮上书自贬三级。

建兴六年（228）冬，吴国的鄱阳太守周鲂假意向魏国投降，以诱敌深入。魏国将领曹休中计，率领 10 万骑兵、步兵往皖县（今安徽潜山）接应周鲂。结果在石亭遭遇吴军突袭，几乎全军覆没。魏军兼程救援，关中空虚。诸葛亮认为这是北伐的又一大好时机，便奏请再次北伐。

诸葛亮第二次伐魏，出兵散关，包围陈仓。曹真派将领郝昭屯兵陈仓，加上陈仓地势险要，易守难攻，双方激战二十多天未分胜负。这时，蜀军在运粮上出现问题，又闻魏援军即将赶到，只好再退守汉中。在退师途中，伏杀了前来追击的魏将王双。

建兴七年（229）春，诸葛亮第三次伐魏。他派陈式进攻武都、阴平，曹魏大将郭淮领兵救援，未成功，蜀军顺利占领两个郡。诸葛亮利用战争间隙，修筑城防，改进兵器，加强了北伐基地汉中的防务。又派魏延入羌，抚慰羌众，结好诸戎，扰乱魏国后方，取得了预想的效果。诸葛亮安抚好当地的氐人、羌人后，留兵据守，自己率军回汉中。刘禅下诏恢复诸葛亮的丞相职务。

魏太和四年（230），曹真接替曹休，升为大司马，遂上表伐蜀，魏明帝采纳。曹真率主力军由子午道进发；大将军司马懿率军从汉水而上，欲与曹真军会师汉中；郭淮、费曜等从褒斜道、陇右武威进兵，直指汉中。诸葛亮得知魏军来攻后，立即加强城固、赤阪等要地的防守。曹真因汉中路险，行军缓慢。朝中大臣华歆、杨阜、王肃等都上疏劝魏明帝下诏撤军。九月，曹真受诏撤退。此时，诸葛亮派魏延、吴壹入南安，魏延攻破郭淮，吴壹攻破费曜，防守反击结束。

建兴九年（231）春，诸葛亮第四次伐魏，以木牛运粮，包围祁山。魏明帝急调司马懿为督军抵抗。诸葛亮留下王平继续领军攻打祁山，自己率主力迎战司马懿。郭淮及费曜等部袭击蜀军，被诸葛亮击破，蜀军乘势抢先收割上邽屯田熟麦，获得军粮。司马懿深知蜀军远道而来，粮食后勤有限，决定凭险坚守，拒不出战。魏军将领指责司马懿懦弱惧敌，司马懿只好出战。诸葛亮派大将魏延、高翔、吴班分三路领兵拒敌，大败魏军。从此，司马懿再不出战。相持至六月，诸葛亮收到北伐军撤退的诏命，遵旨退军。司马懿派张郃领兵追击，不料被蜀军伏兵射杀于木门。

建兴十二年（234）春，诸葛亮再率十万大军出斜谷口，以流马运送军事物资。同时派使臣到东吴，联络孙权一起攻魏。四月，蜀军到达郿县，在渭水南岸的五丈原安营扎寨。五月，孙权派陆逊、诸葛瑾率兵屯江夏、沔口（今湖北汉口），进攻襄阳，孙权率大军围合肥新城。魏明帝亲率水军东征，诏令西守的司马懿坚守不战，想让蜀军粮尽自退。孙权得知魏主的意图后，即令全线撤军。诸葛亮鉴于以往的教训，对垒之初，就分兵屯田，做好了长期驻守的准备。司马懿则率领魏军背水筑营，两军相峙一百多天。其间诸葛亮多次派人挑战，司马懿军始终坚守不出。

八月，诸葛亮积劳成疾，病情日益恶化。消息传到成都，刘禅派李福前往军营探望诸葛亮，并询问此后国家大计。诸葛亮对各将领交代后事，要杨仪和费祎统领各军撤退，由魏延、姜维负责断后。不久，诸葛亮在五丈原军营中与世长辞。刘禅下诏封诸葛亮为武乡侯，谥号忠武侯。诸葛亮“兴复汉室，还于旧都”的政治理想没有实现，留下了“出师未捷身先死，长使英雄泪满襟”的千古慷慨悲歌。

诸葛亮是中国古代历史上的著名政治家、军事家和思想家，他既有经天纬地的雄才大略，又有超群绝伦的军事才能，更有叱咤风云的英雄气概和“鞠躬尽瘁，死而后已”的忠臣行动。

回顾诸葛亮的一生，可用一首“渔家傲·忆诸葛武侯”述而咏之：

惜别阳都江南渡，隆中受请三分布，舌战火烧才智露。旗旌舞，浩然正气英雄矗。

开府治川兴汉蜀，永安承遗图国固，北伐南平千古慕。胆肝吐，鞠躬尽瘁忠魂路。

陕西省岐山县五丈原诸葛亮庙

（二）历代传颂中的诸葛亮

诸葛亮在世，特别是逝世后，历朝历代上至帝王将相，下至庶民百姓都根据历史事实和自己对诸葛亮的理解用历史传记、传说故事、论赞诗文、话本戏曲、小说评话、绘画雕刻、祠庙祭祀等形式传颂诸葛亮，久而久之，就形成了一个与历史相异的被神化了的诸葛亮。

在三国两晋南北朝时期，评论诸葛亮的人对历史事实较为重视，称诸葛亮为贤相、名将。如蜀国的吕凯称“诸葛丞相英才挺出”。邓芝对孙权说：“诸葛亮亦一时之杰也。”吴国的张俨著《默记》说：诸葛亮“亦一国之宗臣，霸王之贤佐也”。魏国的刘晔说：“诸葛明于治而为相。”贾诩称“诸葛亮善治国”。晋武帝向群臣询问诸葛亮的治国之道，樊建回答说：“闻恶必改，而不矜过，赏罚之信，足感神明。”蜀汉及西晋时著名史学家陈寿在《三国志》中指出，诸葛亮“外联东吴，内平南越，立法施度，整理戎旅，工械技巧，物究其极，科教严明，赏罚必信，无恶不惩，无善不显，至于吏不容奸，人怀自厉，道不拾遗，强不侵弱，风化肃然也”。他“于治戎为长，奇谋为短，理民之干，优于将略”；

他“性长于巧思，损益连弩，木牛流马，皆出其意；推演兵法，作八阵图，咸得其要”，“可谓识治之良才，管、萧之亚匹矣”。南朝史学界裴松之注引《袁子》也说诸葛亮“其用兵也，止如山，进退如风，兵出之日，天下震动，而人心不忧。”西晋张辅认为，诸葛亮“殆将与伊、吕争俦，岂徒乐毅为伍哉！”南朝梁将陆法和在白帝城对人说：“诸葛孔明可谓名将。”

总之，三国两晋南北朝时期，评价诸葛亮时较为贴近史实，但也出现了演绎、传说的现象。如陈寿著《三国志·诸葛亮传》所记载的裴松之注中的“七擒孟获”、“大星陨落”、“死诸葛走生仲达”等，就带有传说的性质。这说明，在诸葛亮去世后不久，关于他的传说故事就已经开始在民间流传了。

此后，传颂之风开始盛行，从东晋桓温的《八阵图》诗开始，历代咏赞诸葛亮的诗歌就不绝于书，仅唐代就达 40 首之多。其中以诗圣杜甫为最。他除了说“诸葛大名垂宇宙”以外，还在《蜀相》诗中表达了他对诸葛亮的敬仰：“丞相祠堂何处寻？锦官城外柏森森。映阶碧草自春色，隔叶黄鹂空好音。三顾频烦天下计，两朝开济老臣心。出师未捷身先死，长使英雄泪满襟。”这代表了中国历代许多人的心声。

宋代以后，对诸葛亮的评价，从政治、军事、才能方面转到了伦理道德上。评论者多极力推崇诸葛亮言行中的伦理成分，把诸葛亮推向了伦理道德的顶峰。如朱熹说："论三代而下，以义为之，只有一个诸葛孔明。"张栻说：诸葛亮"虽不幸功业未究，中途而殒，然其扶皇极、正人心，挽回先主仁义之风，垂之万世，与日月同其光明，可也。""其治国立经陈纪，而不为近图；其用兵正义明律，而不以诡计。凡其所为，悉本大公，曾无纤毫姑息之意，类皆非后世之所可及。"宋儒洪迈也说："诸葛孔明千载人，其用兵行师，皆本于仁义节制，自三代以降，未之有也。"

明代理学家宋濂说："三代而下，有合于先王之道者，孔明一人。而其师以正动，义也；委身事君，忠也；开诚布公，信也；御众以严，知也；其功不能成，天也。议者则谓其应变将略，非其所长；又谓其所出师，不攻瑕而攻坚，出师乃与魏氏角，其亡则宜；又谓其仁义诈力杂用以取天下，所以失之。是皆以权谋术数测孔明，而孔明明白正大之心初，未尝知之也。若三者之议，真蛇鼠之见哉！"明代理学家方孝孺说："孔明之为相，欣然虚己以求闻己之过，秦汉以下为相者皆不及。"

话本戏曲、小说评话演绎诸葛亮的成分更多。在讲述、演绎诸葛亮的过程中，人们不再拘泥于历史事实，而是将自己的生活体验和理想追求寄寓在诸葛亮的身上，并作了种种艺术再造。经过再造的诸葛亮已经不是历史上真实的诸葛亮的复制品，而是反映着再造他的各个历史时期的种种人物的思想感情、审美情趣和价值观念。例如，在元代中期英宗至治年间（1321—1323）刊刻的《三国志平话》中，诸葛亮是一个性格粗豪而有神奇本领的军师，集“人也，神也，仙也”于一身。

在罗贯中所著的小说《三国演义》中，诸葛亮则成了治戎与奇谋兼长，理民与为将之谋皆优，是智慧的化身和忠诚的典范。罗贯中在演绎隆中决策、舌战群儒、火烧赤壁、七擒孟获、八阵图、木牛流马等历史事实的基础上，增加了博望烧屯、草船借箭、祭东风、三条妙计、智算华容、安居平五路、骂死王朗、空城计、祈禳星之法延寿、死诸葛吓走活仲达、遗计斩魏延、显神保蜀民、邓艾偷渡阴平等故事。把诸葛亮描写成了一个羽扇纶巾、足智多谋、料事如神、神机妙算、所向披靡的智者化身，一个尽善尽美的经国济民的忠贞忧勤的丞相，一个能呼风唤雨、侦知天机、预卜未来的神奇不测之人。正如鲁迅先生在《中国小说史略》中所指出的那样：“状诸葛之智而近妖”。

清初毛宗岗在评改《三国演义》后著文说：“吾以为《三国》有三奇，可称三绝：诸葛孔明一绝也，关云长一绝也，曹操亦一绝也。历稽载籍，贤相林立，而名高万古者，莫如孔明。其处而弹琴抱膝，居然隐士风流，出而羽扇纶巾，不改雅度。在草庐之中，而识天下三分，则达乎天时；承顾命之重，而至六出祁山，则尽乎人事。七擒八阵，木牛流马，既已疑鬼疑神之不测；鞠躬尽瘁，志决身歼，仍是为臣为子之用心。比管乐则过之，比伊吕则兼之，是古今来贤相中第一奇人。”

清乾隆十六年（1751）四月，乾隆皇帝《题琅邪五贤祠》七绝诗称：“孝能竭亲王祥览，忠义捐躯颜杲真。所遇由来殊出处，端推诸葛是全人。”认为王祥、王览是孝的榜样，颜真卿、颜杲卿是忠义捐躯的典型，而诸葛亮是“全人”。

随着历史的变迁，随着历代对诸葛亮的评价、推崇，诸葛亮的形象日益高大，使诸葛亮由一个杰出的历史人物，慢慢演变成了一个超越时空的典范，甚至变成了无所不知、无所不能、尽善尽美、白璧无瑕的完人。在诸葛亮生前活动过的区域，甚至未曾去过的地方，乃至国外，出现了很多纪念他的祠堂、祀庙；官修史志典籍记述他，文人墨客赞美他，民间大众传颂、神化他。如今，描述诸葛亮的小说、故事、戏剧、电影、电视剧、民间传说，仍然在继续产生和传播。人们对诸葛亮的推崇和赞颂有增无减，形成了形式多样、内涵丰富、影响广泛而深远的诸葛亮文化现象。

当然，攻击、歪曲，甚至否定诸葛亮的现象（可以称作

山东省临沂市王羲之故居的乾隆《题琅邪五贤祠》碑

“孔黑”现象）也存在。这种现象在历史上不多见，是我国改革开放以来，在评价历史人物和历史事件方面出现的不和谐的音符之一。例如，有些人提出了“《隆中对》有罪，分裂了华夏”“《出师表》有错”等观点，还有人错误地认为诸葛亮是“中国最虚伪的男人”（梅朝荣：《梅朝荣品诸葛亮：中国最虚伪的男人》）。

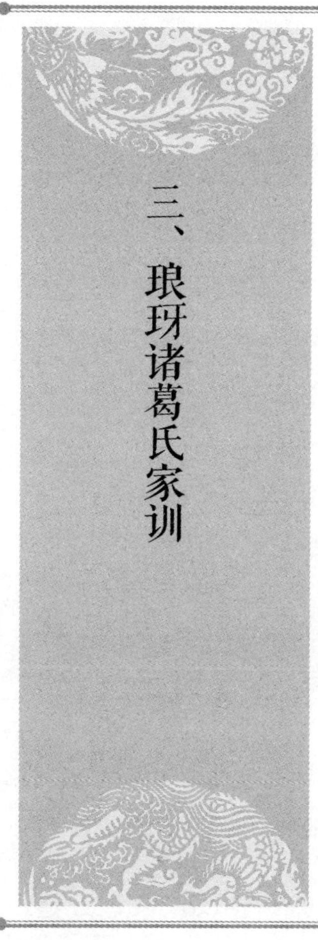

三、琅玡诸葛氏家训

从东汉到南北朝时期，在世家大族中，“家训”（或称“家诫”）盛行一时，琅玡诸葛氏家族也不例外。琅玡诸葛氏家训以其代表人物诸葛亮的家训为主。

诸葛亮足智多谋，不仅善于治国安邦，而且是注重家教的典范。诸葛亮撰写的家训文章主要有《诫子书》、《又诫子书》和《诫外生书》。诸葛亮的家训思想主要体现在《诫子书》、《又诫子书》和《诫外生书》中，内容包括修身、养性、立志、成学、广才、接世、礼仪等方面。

从内容上看，琅玡诸葛氏家训既是琅玡诸葛氏家风的主要内容，又是琅玡诸葛氏家风的文字载体和形成的标志。

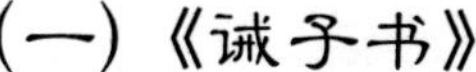

(一)《诫子书》

《诫子书》是诸葛亮写给他儿子诸葛瞻的。这里的“诫”有劝诫、警告的意思，意指借助尊长的权威，对子孙后代进行约束；书，指书信。这种文体是古人向后代传播治学教子，修身治家，为人处世，治国平天下思想的载体。

1.《诫子书》原文及译文

(1)《诫子书》原文

夫君子之行，静以修身，俭以养德，非澹泊无以明志，非宁静无以致远。夫学须静也，才须学也。非学无以广才，非志无以成学。淫慢则不能励精，险躁则不能治性。年与时驰，意与日去，遂成枯落，多不接世，悲守穷庐，将复何及！

(2)《诫子书》译文

品德高尚者的做法是，依靠静来修养身心，依靠俭朴来培养品德。做不到看轻世俗的名利，不贪图名利富贵，恬静寡欲就不能明确自己的志向；做不到身心宁静、潜心专一就

靜以脩身儉以養德非澹泊無以明志非寧靜無以致遠

诸葛亮《诫子书》中的名句

无法实现远大的理想。学习必须专心致志，增长才干必须学习。不学习就不能增长自己的才干，没有明确的志向就不能完成学业。放纵、轻浮就不能振奋精神，奋发向上，精益求精；过激、浮躁就不能陶冶性情。年龄随着光阴流逝，意志随着岁月消磨，最后就像枯枝落叶那样精力衰竭，学识无成，对社会没有任何用处，不被社会接纳，悲戚地守在简陋的房子里，到那时后悔了，想再努力也来不及了！

2.《诫子书》解读

第一，《诫子书》全文共 86 个字，言简意赅，字字珠玑，叙述严谨，结构完整，内涵丰富，充满了人生哲理，构成了一个较为完整的育人体系。

《诫子书》开篇强调修身、养德，接着提出四个“非……无……”和两个“不能”。即：“非澹泊无以明志”、“非宁静无以致远”、“非学无以广才”、“非志无以成学”、“淫慢则不能励精”、“险躁则不能治性”。重点谈了“澹泊”与“明志”、“宁静”与“致远”、“学”与“广才”、“志”与“成学”、“淫慢”与“励精”、“险躁”与“治性”的关系：静与俭以修身、养德为目的，澹泊与宁静以明志、致远为目标；修身、养德是“明志”、“致远”的关键；明志、广才、成学相辅相成，互为因果，不可分割。在篇末，特别告诫子孙不要虚度年华：光阴易逝，年华似水，如果不珍惜时光，必将碌碌无为，老大徒伤悲，追悔莫及。这既是诸葛亮对儿子的厚望和对后世子孙的严格要求，也是诸葛亮治学、修身、立世的经验之谈；既是诸葛亮睿智的体现，也是中华民族智慧的结晶。

第二，《诫子书》告诫子孙要做品德高尚的人，即要做君子，而要做君子就要修身、养德。修身须静，养德则须俭。“静以修身”强调了内心的宁静对个人品德修养的重要作用；“俭以养德”则强调了节俭即物质生活的低要求对个人品德修养的关键性作用。修身养德是做人的根本、成才的基石。

第三，《诫子书》强调做人要学会澹泊和宁静。这里的“澹泊”指不过分地追求名利，不能急功近利；“宁静”是指内心安宁、不焦虑烦躁，达到内心世界的恬淡平和。修身和为学都需要静。只有澹泊、宁静，才能明确志向，才能实现远大的目标。同时，《诫子书》强调，做人要自制，要防止“淫慢”和“险躁”。也就是说，行为上一定不要放纵和散漫，也不要过激和浮躁。相反，要做到振奋精神、奋发向上、精益求精，要不断地陶冶情操。

在《诫子书》中诸葛亮所谈到的“静”有三层意思：一是静止，静则生定，定则生慧，与“动”相对；二是聚精会神，安静，无杂念，与“险躁”相对；三是在物质引诱面前保持平静的心态，依靠静来修养身心，与“贪欲”相对。这是一种精神境界，只有达到这样一种境界，才能静中寓动，以静求动，动静相辅而相成，才能修身、干事业，达到“致远”的目的。

需要指出的是，《诫子书》中的“澹泊”不是弃世，“宁静”也不是慵懒。“澹泊明志”，志在修身，进而济世，为社会和国家服务；“宁静致远”，因达于天下、兼济天下而远，因泽于后世而远。“澹泊”与“宁静”，是以“明志”与“致远”为最终理想的，是以“接世”，即为世所用，有用于世，对社会、国家有所贡献为目标的，因而是积极向上的，充满正能量的。

第四，《诫子书》阐释了“志”、“才”、“学”三者之间相辅相成的内在关系，即要想增长才干必须学习，不学习就不能增长才干，没有明确的志向就不能完成学业。可见，三者之中，“志”是核心内容，是先决条件。只有确立远大的志向，才能学有所成，才能增长才干。诸葛亮是历史上较早对立志、学业、才干三者的关系进行系统论述的人。

第五，《诫子书》劝诫诸葛氏子孙：光阴易逝，年轻的时候，一定要抓住学习与成才的大好时机，惜时勤学，增长才干，以便奉献于社会，不要虚度年华。否则，学识无成，对社会没有任何用处，不被社会接纳，会成为枯枝败叶。从这个意义上讲，《诫子书》是一篇广义的劝学书，对立志、劝学、成才、奉献的人生历程具有重要的指导意义。

第六，《诫子书》的底色是亲情，是爱，是对人生负责。全文娓娓道来，训劝结合，内容涉及人生的多个阶段和步骤，展现了澹泊、宁静、立志、勤学、俭廉、奉献的人生态度和睿智、权威、善教的父亲形象；《诫子书》寓理于情，感情充沛，在父子间的对话中袒露了父亲的人生经验和对儿子成为有用之才的渴望，还流露出了害怕子孙虚度年华，无益于社会的担心。这一切都是一个父亲大爱的表现。其中，有千古贤相诸葛亮家常、温情的一面，但更多的是对人生负责，爱已、爱人、爱社会，实现人生价值的追求，与中华民族优秀的传统价值观是一致的。这正是千百年来，人们钟爱诸葛亮的《诫子书》的主要原因。

（二）《诫外生书》

《诫外生书》是诸葛亮写给他的二姐与庞山民生的儿子庞涣的。“外生”同“外甥”。在襄阳，诸葛亮的二姐嫁给了庞德公的儿子庞山民。庞山民曾在魏国任黄门吏部郎，但很早就去世了。因为姐夫早逝，外甥庞涣（字世文）需要进行立志等方面的教育，诸葛亮就写了封书信。外甥庞涣谨遵舅舅诸葛亮的教诲，首先从立志做起，一生事业有成，晋太康年间，曾出任牂牁郡太守。

1.《诫外生书》原文及译文

（1）《诫外生书》原文

夫志当存高远，慕先贤，绝情欲，弃凝滞。使庶几之志，揭然有所存，恻然有所感。忍屈伸，去细碎，广咨问，除嫌吝，虽有淹留，何损于美趣，何患于不济。若志不强毅，意不慷慨，徒碌碌滞于俗，默默束于情，永窜伏于凡庸，不免于下流矣。

（2）《诫外生书》译文

志向应当建立在高尚远大的目标之上，仰慕和效法圣贤，戒绝私情杂欲，撇开牵掣、障碍，使接近圣贤的志向在自己身上显著地得到保留，使自己的内心有所震撼并心领神会；要能屈能伸，摆脱琐碎事物和感情的纠缠，广泛地向别人请教，根除怨天尤人的情绪。做到这些以后，即使停滞不前，也不会损害自己的美好志趣，又何必担心达不到目标呢！如果志向不刚强坚毅，意气不慷慨激昂，只是碌碌无为地停滞在流俗中，默默无闻地被情欲所束缚，永远混迹在凡夫俗子之间，免不了成为庸俗的下流之辈！

2.《诫外生书》解读

首先，《诫外生书》开宗明义，提出了“志当存高远”的要求，强调立志高远的重要性。“志存高远”是实现人生价值的首要的重大命题，对一个人来讲，年轻的时候，如果没有高远的志向，就找不到人生的目标，就很可能会碌碌无为，浑浑噩噩地了却一生。诸葛亮的目的，是告诉外甥，志向应该建立在远大的目标之上，以高远之志激励自己，勤于修身，心无旁骛，艰苦奋斗，自强不息，去实现理想，成就功业。

其次，《诫外生书》提出了保持和实现高远之志的途径和方式方法。立下高远之志以后，如何保持和实现呢？诸葛亮认为，应该做到四点：一要仰慕学习古圣先贤，使圣贤的志向在自己身上显著地保留，并有所激励，发挥作用。同时，要向当代人学习，广泛地向别人请教；二要弃绝个人不正当的物欲、情欲，要戒绝私情杂念，摆脱琐碎事物和感情的纠缠，根除怨天尤人的情绪；三要能屈能伸，撇开各种影响、牵掣和妨碍志向实现的不利因素；四要意气风发，慷慨

激昂。

最后，《诫外生书》指出了没有远大志向或志向不坚毅的后果，即就会陷入碌碌无为，停滞在流俗中，默默无闻地被情欲所束缚，永远混迹在凡夫俗子之间，永远沦入凡庸之列。在这里，诸葛亮是从相反的方面，强调了立志高远和保持、实现高远志向的重要性。

总之，诸葛亮在《诫外生书》中告诉他的外甥，人不仅要立大志，还要有保持和实现高远之志的途径和方式方法，达到有恒志。只有这样，才能实现自己的远大理想，成为一个有所作为的人，一个对社会有所贡献的人，而不会成为一个碌碌无为、默默无闻的凡夫俗子。

(三)《又诫子书》

《又诫子书》是诸葛亮写给他的过继儿子诸葛乔的。诸葛乔是诸葛瑾的二儿子，过继给诸葛亮后，诸葛亮很高兴，视作自己的嫡长子，对他要求非常严格。蜀建兴五年(227)，24岁的诸葛乔任驸马都尉后，跟随诸葛亮北伐。当时蜀中饮酒的风气极盛，诸葛乔与政府官员和军队将领及其子弟一同共事，饮酒是免不了的。这是诸葛亮和诸葛乔专谈饮酒的主要原因。

1.《又诫子书》原文及译文

（1）《又诫子书》原文

夫酒之设，合礼致情，适体归性，礼终而退，此和之至也。主意未殚，宾有余倦，可以至醉，无至迷乱。

（2）《又诫子书》译文

在宴席上饮酒，在于符合礼节、表达情意，适应身体和性情的需要。礼节尽到了，客人退席，这是最和谐的。倘若主人意犹未尽，客人也还有余量，可以喝到酒醉，但不能醉到神志不清的程度。

2.《又诫子书》解读

首先，《又诫子书》是一篇就事论事、专门教子饮酒的短文，集中体现了诸葛亮对饮酒的看法，即饮酒观。诸葛亮的饮酒观主要有三点：

第一，喝酒应该合乎礼仪，喝酒是表达、交流感情的媒介，是人际交往的需要。

第二，饮酒不足和太过都不好，喝酒的最高境界是

“和”，即要在完整表达感情和适应身体、性情的情况下，节制而又合情合理地饮酒。对请酒的主人来说，要体现主人的盛情，让客人喝好；对客人来说，要考虑到礼节、主人的情义和自身的情况适量饮酒，适时退席。诸葛亮追求的是中和之美，这与儒家所倡导的中庸之道是一致的。因此，可以说，《又诫子书》中蕴含着中庸、和谐的处世智慧。

第三，饮酒，可以喝到醉，但不能醉到神志不清醒的程度，不能误事更不能误国。

三国时，社会上嗜酒之风盛行，造成物质浪费且经常误事。对此，曹操的态度是禁酒，曾写《禁酒书》；刘备入蜀后，也曾下令“禁酒”，并宣布“酿者有刑”。但是，诸葛亮不反对饮酒，而是主张在不误事、不误国的前提下适度饮酒。因为，在当时想禁绝饮酒是不可能的。

其次，诸葛亮对诸葛乔专门谈饮酒，谈他对饮酒的看法，还有吸取历史教训，通过诸葛乔去影响蜀国的其他人，巩固蜀汉政权的深层考虑。

蜀地饮酒之风盛行，刘备曾下令“禁酒”，但收效不大。在社会上，甚至在军政官员中，纵酒者仍大有人在。例如，蒋琬（？—246），字公琰，随刘备入蜀后，被任命为广都长。但蒋琬认为自己没有被重用，于是，“众事不理，时又沉醉”。刘备发现后大怒，“将加罪戮”，幸亏诸葛亮为他求情，说："蒋琬，社稷之器，非百里之才也。其为政以安民为本，不以修饰为先，愿主公重加察之。"刘备才没有加罪于蒋琬，仅是免他的官而已。后蒋琬重新被启用，经诸葛亮精心培养，最终成了诸葛亮的接班人。建兴十二年（234），诸葛亮死后，蒋琬执政。先拜尚书令，后加行都护，假节，领益州刺史，再升迁大将军，录尚书事，封安阳亭侯，并受命开府治事，后加大司马，总揽蜀汉军政大权。

又如车骑将军刘琰（？—234），字威硕，刘备取得益州后，被任命为固陵郡太守。刘禅继位后，刘琰受封都乡侯，升任后将军兼任卫尉、中军师、车骑将军。但他有"酒荒之病"，"间者迷醉，言有违错"，曾由此受到诸葛亮的责罚，被从前线撤回成都。但他仍"失志慌惚"，最终因对他的妻子施以私刑并逐出家门而被下狱致死。

当然，也有饮酒不误事的，如颇被诸葛亮欣赏的费祎早年出使东吴时，孙权用好酒款待费祎。当费祎喝醉以后，孙权与费祎谈论国事和时事，想让费祎失言侮辱蜀国。但是，"祎辄辞以醉，退而撰次所问，事事条答，无所遗失"。费祎既然能"辞以醉"，可见他并未醉到不清醒的地步；而退而以书面"条答"代替当面应对，更显示了他的聪明之处。费祎代替蒋琬出任尚书令后，也"常以朝哺听事，其间接纳宾客，饮食嬉戏，加之博弈，每尽人之欢，事亦不废"。从

《又诫子书》的内容看，诸葛亮对费祎的欣赏，可能也包括对费祎在饮酒方面的肯定，因为费祎在饮酒方面的做法与诸葛亮的饮酒观是一致的。

但是，像费祎那样，常喝酒，甚至酒醉都不误事的人毕竟是少数。所以，诸葛亮在选拔人才时，注意用酒考察。如在《将苑·知人性》中，诸葛亮提出了考察贤才的七种办法之一就是“醉之以酒而观其性”。同时，关于醉酒误事、误国的历史教训，熟读过《尚书》的诸葛亮，当然对《尚书·酒诰》中关于饮酒与殷商灭亡关系的记载非常熟悉，他更不愿意看到蜀国的官员们像当年殷商的人那样沉湎于酒而不能自拔，以致误事、误国。因此，根据蜀国的现实情况和诸葛乔经常饮酒的实际情况，出于对巩固蜀汉政权和爱护嗣子的考虑，他向嗣子诸葛乔谈了自己对饮酒的看法，并试图通过诸葛乔去影响其他人，以减少饮酒的副作用。由此可见，诸葛亮写《又诫子书》用心良苦，既有对嗣子诸葛乔爱护的亲情，也有巩固蜀汉政权的爱国情怀。

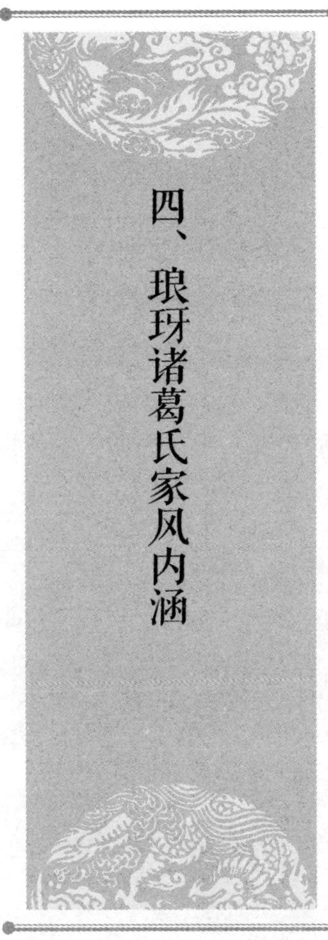

四、琅玡诸葛氏家风内涵

琅琊诸葛氏家风是指以诸葛亮为代表的琅琊诸葛氏家族的家风。在历史上，琅琊诸葛氏家族没有人总结其家风，但是，从诸葛丰、诸葛亮、诸葛瑾、诸葛诞等诸葛氏英杰身上和诸葛亮家训中可以看出，在西汉到三国时期，琅琊诸葛氏家族已经形成了内容较为固定、影响较为深远的家风，如刚直、忠诚、博学、尚智、笃实、躬行、澹泊、宁静、俭廉等。

（一）博学多智

博学是琅琊诸葛氏家风的主要内容之一。诸葛氏的始祖诸葛丰就非常善于学习，史称他“以明经为郡文学”。这里的“明经”是通晓儒家经典的意思。诸葛丰能以“明经”显世，说明他的儒学造诣是比较深厚的。这是诸葛丰苦学、善学的结果。值得说明的是，诸葛丰熟知《礼记·学记》“独学而无友，则孤陋而寡闻”的道理，善于交游、学习，并以儒学为主，博采众长。他不仅“以明经为郡文学”，与擅长《公羊春秋》的贡禹、通儒王吉、公羊学大家王中交往密切，接受了公羊学的思想，而且与易学大家梁丘贺、梁丘临父子关系密切，接受了易学思想。此外，从《汉书》记载诸葛丰“清宴”来看，诸葛丰也接受过黄老思想。

从诸葛丰始，琅玡诸葛氏家族就非常重视博学、交游。例如，诸葛亮的叔叔诸葛玄既有名士的学识，也有名士的眼光，在他结交的朋友中，有实力派人士荆州牧刘表等。诸葛亮的哥哥诸葛瑾除在家乡阳都的私塾学习以外，还曾不顾路途遥远和交通不便，到京师洛阳游学，主要学习、研究《毛诗》、《尚书》、《左氏春秋》等。诸葛亮更是琅玡诸葛氏家族博学和善于交游的代表性人物。他除了在家乡阳都的私塾和荆州襄阳的学业堂学习外，还曾遍寻名师，交游学习，留下了前述“拜老农为师”、“跪拜庞公”、“借书结缘”、“拜隐士为师”等历史佳话。从诸葛亮学习的内容看，涉及儒、法、兵、易、道、纵横家等诸子百家。他博采众长，汲取各家营养，堪称博学家。《论诸子》就是诸葛亮勤学、博学的佐证。

《论诸子》全文如下：

老子长于养性，不可以临危难。商鞅长于理法，不可以从教化。苏张长于驰辞，不可以结盟誓。白起长于攻取，不可以广众。子胥长于图敌，不可以谋身。尾生长于守信，不可以应变。王嘉长于遇明君，不可以事暗主。许子将长于明臧否，不可以养人物。此任长之术者也。”

从诸葛亮学习的角度看这篇短文，至少可以得出以下结论：

首先，从这篇短文中，可以看出，诸葛亮学习的内容很宽泛，可以说博览群书，博采众长，也可以看出诸葛亮学习勤奋，读书很多。

在《论诸子》中，诸葛亮没有评论儒学的代表人物孔子，这是他对儒学主导地位的尊重。但是，他不仅不排斥其他诸子学派，而且对各家皆有所吸收。仅在《论诸子》中就涉及了道家、法家、兵家、纵横家等。他辅佐刘备以后，以儒家的“大一统”思想为行动指南，也兼用法家、兵家等思想。而要掌握诸子百家的学说，没有勤学苦读的精神是做不到的。

其次，《论诸子》这篇短文，佐证了诸葛亮“观其大略”的读书风格和学习方法。

在《论诸子》中，诸葛亮对道家、法家、纵横家等诸子百家的优缺点作了一针见血、一分为二的符合历史事实的评论。他认为，老子的长处在于修身养性，他的学说不可以应付危急和困难；商鞅擅长依法治国，他的学说不可以用来教化百姓；苏秦、张仪的优点是游说、辩论，缺点是不可以结盟明誓；白起擅长攻城略地，却不可以扩大队伍；伍子胥擅长谋算胜敌，却不可以保护自身的安全；尾生的优点是恪守信用，缺点是不会应变；王嘉擅长在明君的领导下工作，但不能在昏庸的人的手下办事；许子将擅长评论人才的优劣，却不能留住和培养人才。这种提纲挈领、化繁为简、贵在实用的评论，正是诸葛亮“观其大略”读书方法的最好说明。而文章的最后一句“此任长之术者也”，意思是说，这就是用人之长的办法呀。这进一步说明，诸葛亮的学习贵在经世致用，而非考据、训诂等。

最后，从《论诸子》这篇短文中，还可以看出诸葛亮的人才观和用人观。即他认为人无完人，人才有其长也必有其短，用人时应该用其长而避其短。

与博学相连的是诸葛氏族人的多智。诸葛氏族人在文化品格、为官之道、治军之道和发明创造等方面都显现着智慧。其中，诸葛亮是杰出代表，被视为中华民族智慧的化身。诸葛亮的读书学习，修身养性，辅佐刘备，开府治蜀，平定南中，北伐魏国，以及作“八阵”、“损益连弩”，创制“木牛流马”等皆显示出了非凡的智慧，留下了许多智慧故事。

故事一，《答关羽书》

关羽（？—220），字云长，河东解良（今山西运城）人，早年跟随刘备辗转各地，战功卓著，有“万人敌”之称。赤壁之战后，被封为襄阳太守。刘备西进时，关羽留守荆州。

刘备攻取益州时，马超向刘备投降，并率军与刘备合围成都，加速了刘璋的投降。因此，刘备封马超为平西将军。

马超（176—223），字孟起，扶风茂陵（今陕西兴平）人，早年征战四方，因军功卓著，先后官拜谏议大夫、卫尉、偏将军，封都亭侯。建安十六年（211），马超率军在渭水追击曹军，让曹操几乎丧命，曹操感叹：“马超不死，我没有葬身之地呀。”可见，马超是一员虎将，刘备封他为平西将军是可以理解的。但是，远在荆州的关羽知道后，极为不满，就写了封信给诸葛亮，问马超的才能可以与谁相比。言外之意，他对刘备的任用不满意，也不服马超。

诸葛亮知道关羽功劳大且争胜好勇，为了安抚关羽，维护大局和刘备的权威，就在《答关羽书》，即回关羽的信中说："孟起兼资文武，雄烈过人，一世之杰，黥、彭之徒，当与益德并驱争先，犹未及髯之绝伦逸群也。"（梁玉文、李兆成等：《诸葛亮文译注》）即"马超文武兼备，雄烈过人，为一世之杰，与汉初名将英布、彭越归属一类，可与张飞并驾齐驱、争夺先后，还比不上你关羽超群绝伦呀。"关羽看到书信后，非常高兴，并将书信拿出来给宾客看。

这封信是诸葛亮在充分了解关羽的基础上，为了维护大局而写的，显示了诸葛亮在识人、维护团结和大局方面的智慧。当然，也有人认为，因关羽曾经不服诸葛亮，所以，诸葛亮在这封信中没有批评关羽，结果，使关羽更加骄傲，以至于使关羽不但大意失掉了荆州，而且还断送了性命。

故事二，巧收姜维

姜维（202—264），字伯约，天水冀县（今甘肃甘谷东南）人，初为魏国下级军官。建兴六年（228），诸葛亮军北上到祁山时，姜维归天水太守马遵管辖。

诸葛亮先派兵佯攻魏国的南安，想用诈城之计，攻夺天水关。天水关太守马遵果然中计，下令全营火速去解救被围的南安。

但是，姜维识破诸葛亮之计，告诉马遵："这是诸葛亮用的计策，目的是乘虚攻取天水。"马遵听姜维一说，恍然大悟。接着，姜维向马遵献出了一个既可以大败诸葛亮，又可以解南安之危的将计就计的妙计。马遵虽然将信将疑，但最后还是依计而行。

结果，赵子龙在天水关前被围困，这使诸葛亮十分震惊。于是，他在立刻派兵到天水关前解救的同时，派人探听布阵的人是谁。因他断定布阵的人绝对不会是马遵。

当探马来报，说天水关领兵布阵的将领是姜维，而且是一个智勇双全、孝义无双而又郁郁不得志的贤将良才时，他就决心收服姜维。

为收服姜维，诸葛亮使用了连环计和反间计。他先布置了连环扣战，让马岱、关兴、张苞连番征战，拖住姜维。再派魏延假扮姜维“骂关”，使心地狭窄、多疑妒贤的马遵中了反间计。

马遵扔下姜维等人，连夜随郭淮逃往上邽。姜维等人追不上他，回城时城门已闭，不得已，姜维又率领所部前往冀县。冀县守军也不放姜维入城。这时，诸葛亮趁机向姜维分析了天下的大势和姜维的处境，耐心说服姜维，希望姜维为蜀国效力。结果使姜维心悦诚服地归降到了蜀国，蜀国因此得到了一位军事人才。

故事三，智杀张郃

建兴九年（231）春，诸葛亮第四次北伐曹魏，蜀军用木牛运粮，攻打祁山。这时，魏国大司马曹真去世，魏明帝

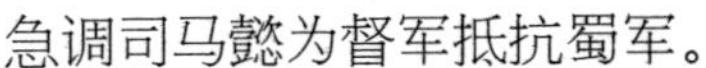

急调司马懿为督军抵抗蜀军。

诸葛亮留下王平继续领军围攻祁山，自己率主力迎战司马懿。魏军郭淮及费曜等部袭击蜀军，被诸葛亮击破，然后，蜀军乘势抢先收割上邽屯田熟麦，获得军粮。司马懿深知蜀军远道而来，粮食后勤有限，遂凭险坚守，拒不出战。

魏军将领指责司马懿懦弱惧敌，司马懿只好出战。诸葛亮派大将魏延、高翔、吴班分三路领兵拒敌，大败魏军。从此，司马懿再也不敢出战。相持至六月，诸葛亮收到北伐军撤退的诏命，遵旨退军。司马懿派张郃领兵追击到木门（今甘肃省天水市牡丹乡）。

诸葛亮在木门道峡谷长约150米的山坡两侧，埋下伏兵，命令军士削掉大树皮，上写："张郃死此树下。"张郃军一到，诸葛亮命令军士万箭齐发，张郃中箭而死。

诸葛亮第一次北伐时，张郃作为司马懿的先锋在街亭曾击败蜀国将领马谡，迫使诸葛亮撤兵并挥泪斩马谡。此后，诸葛亮多次北伐，张郃也先后随曹真、司马懿前往对抗，表现突出，因功升征西车骑将军，连诸葛亮都认为他很勇猛，欲除之而后快。这次，蜀军在败退中仍能射杀张郃，足见诸葛亮的神机妙算。

故事四，损益连弩

诸葛氏家族的工艺以诸葛亮为主，或者说多与诸葛亮有关。诸葛亮是政治家、军事家，也具有科学家的潜质。陈寿著《三国志·诸葛亮传》对诸葛亮的科技才能是这样记载的："亮性长于巧思，损益连弩，木牛流马，皆出其意"；"整理戎旅，工械技巧，物究其极，科教严明。"极言诸葛亮"长于巧思"，"工械技巧，物究其极"，在继承发展和实践的基础上，改革了连弩，制造了木牛流马。下面仅以"损益连弩"说明。

据历史记载，诸葛亮改革后的连弩也称"元戎"。"连弩"是指利用机械力量连续射箭的弓，一把连弩，箭匣里装十支箭，可以连续不间断地把箭匣里的十支箭全部发射出去，其"以铁为矢"（所用的箭是铁制的），箭长八寸。

现代科学测定显示，诸葛亮改革连弩能"连发十箭"，"箭长八寸"。这两个实质性的数据是非常科学的，在当时是绝无仅有的。可以说，诸葛亮改革的连弩是一种高效、神秘、精良的半自动武器。因此，西晋镇南将军刘弘发出了"神弩之功，一何微妙"的由衷赞叹；西晋时期伟大的发明家马钧大赞其"巧"，并希望朝廷立项，以便让他试验并推广；西晋著名的思想家傅玄，认为诸葛亮发明的连弩是"国之精器，军之要用也"。

总之，连弩是诸葛亮重要的科技发明之一。此外，诸葛亮在继承和军事实践的基础上，还创制了利于坚守阵地设伏破敌的“八阵法”、宜于山地运输的“木牛流马”和利于提高战斗力的五折钢铠、筒袖铠等。这说明，诸葛亮在军事工艺发明、制作方面具有非凡的智慧和才能。

故事五，孔明灯

孔明灯又叫天灯，据传是诸葛亮发明的。诸葛孔明被老对手司马懿围困于阳平，无法派兵出城求救。

怎么办呢？足智多谋的诸葛孔明制成了会飘浮的纸灯笼，系上求救的讯息，根据风向，择机放飞灯笼。灯笼飘出去后，将信息送出，援兵及时赶来击败了司马懿率领的军队，诸葛亮脱险。为纪念诸葛亮，后世就称这种灯笼为孔明灯。

孔明灯的结构可分为主体与支架两部分，主体大都以竹篦编成，外面用不易燃烧的纸糊成灯罩，灯笼底部的支架以竹或木削成的篦组成。孔明灯可大可小，一般为圆柱体或长方体形状，开口朝下。在底部支架的横架上，用铁丝捆扎了沾满豆油或其他易燃油的布团。点燃油布后，整个纸桶就会被热气充满，一撒手，孔明灯便如同热气球一样冉冉上升，随风飘移。

孔明灯取材方便，制作简单，是根据热气球原理发明的，这在古代有一定的科技含量，是智慧的结晶。

古代人放孔明灯多用于传递信息。现代人放孔明灯则多用于祈福。

微风晴朗夜，常见现代男女老少亲手写下祝福的心愿，虔诚地让孔明灯徐徐带到遥远的夜空。于是，冉冉飘升的孔明灯与人们祈求的爱情、升迁、丰收、成功、健康长寿等世间美好的愿望融为一体，孔明灯成了希望和美好的载体。

故事六，“死诸葛走生仲达”

诸葛亮和司马懿是老对手，一生多次正面交手。建兴十二年（234）春，诸葛亮率 10 万大军出斜谷口，用流马运送军事物资，再次北伐曹魏，对手还是司马懿。

四月，蜀军在渭水南岸的五丈原安营扎寨。魏明帝命令司马懿坚守不战，想让蜀军粮尽自退。诸葛亮汲取以往北伐因缺少粮食而被迫退兵的教训，也分兵屯田，做好了长期驻守的准备。两军对峙了一百多天。其间诸葛亮多次派人挑战，司马懿军始终坚守不出。

诸葛亮派人送给司马懿女人的服饰，司马懿大怒，上书请求和诸葛亮交战，皇帝却派人手持使节担任军师制约司马懿。护军姜维对诸葛亮说：“这回，敌人肯定不会出战了。”诸葛亮说：“司马懿本来就没有出战的意思，他请求出战，是为了激励士气。将军在军中，对皇帝的命令可以不接受，如果他出战后，真能战胜我，何必要不远千里去请示呢？”分析得非常透彻。

八月，诸葛亮积劳成疾，病情日益恶化。消息传到成都，刘禅派李福前往军营探望诸葛亮，并询问此后的国家大计。诸葛亮对后事一一作了详细的交代，不久，在五丈原军营中与世长辞。

杨仪、姜维按照诸葛亮的临终部署，整顿军马从容撤退，秘不发丧。司马懿断定诸葛亮已经去世，马上率军追击。这时，杨仪回军向魏军作出进攻的样子，多疑的司马懿又怀疑这是诸葛亮引诱魏军出击的计策，吓得赶紧撤退。于是蜀军从容退去。进入斜谷后，才讣告发丧。

等到蜀军退走以后，司马懿到达蜀军的营垒处，看了蜀军安营扎寨的情况，不禁感叹："孔明，天下奇才也!"

司马懿退兵后，当地的百姓纷纷说："死诸葛走生仲达。"（陈寿：《三国志·诸葛亮传》裴松之注引《汉晋春秋》）意思是，已经去世的诸葛亮吓跑了活着的司马懿（字仲达）。

诸葛亮的侄子、诸葛瑾之子诸葛恪能言善辩，在交往方面的智慧和诸葛亮相比，毫不逊色。管中窥豹，从以下故事中可略见一斑。

故事一，"子瑜之驴"

据陈寿著《三国志·诸葛恪传》载："恪父瑾面长似驴，孙权大会群臣，使人牵一驴入，长检其面，题曰'诸葛子瑜'。恪跪曰：'乞请笔益两字。'因听与笔。恪续其下曰'之驴’。举座欢笑，乃以驴赐恪。他日复见，权问恪曰：‘卿父与叔父孰贤？’对曰：‘臣父为优。’权问其故，对曰：‘臣父知所事，叔父不知，以是为优。’权又大嘘。”大意是：诸葛恪的父亲诸葛瑾，字子瑜。他的脸长得有点长，俗称“驴脸”。诸葛瑾的长子诸葛恪，从小聪明伶俐，善于言辞，孙权很喜欢他，经常逗他玩，和他开玩笑。

一次，孙权大宴群臣，诸葛恪也参加了。席间，孙权乘着酒兴，叫人牵来一头驴，在驴脸上挂了一个标签，上写“诸葛子瑜”。

孙权意在笑话诸葛瑾的脸长像驴，也想借机考验一下诸葛恪，看看诸葛恪有什么反应。群臣见了，无不捧腹大笑，诸葛瑾也感到很尴尬，感觉孙权的玩笑开大了。

正在众人不知如何收场时，只见小小的诸葛恪红着脸，慢慢地走到孙权的面前，跪下说：“请允许我添写两个字。”孙权一听，大笑着说：“准！拿笔来！”

征得同意之后，诸葛恪在“子瑜”之下加了“之驴”两个字，便成了“诸葛子瑜之驴”。在场的大臣见了莫不惊讶叹服，孙权见诸葛恪如此机敏、聪明，更是十分高兴，当场把毛驴赏赐给了诸葛恪。

又一天，孙权再次见到诸葛恪又问：“你的父亲与你的叔父诸葛亮谁贤？”诸葛恪回答说：“我的父亲为优。”孙权问他原因，诸葛恪回答说：“我的父亲知道应该为谁服务，而我的叔父不知道，所以我的父亲为优。”

原来，曾经有孙权让诸葛瑾劝诸葛亮为孙权政权服务的旧事，而没有得到应允，孙权当然不高兴。在这里，孙权之问有试探诸葛恪立场的意思，而诸葛恪的回答有暗指他的叔父诸葛亮不为孙权服务是不当的意思，所以孙权又大笑，并对诸葛瑾感慨地说：“人们都说蓝田生美玉，名门生贤良，真是名不虚传呀！”（陈寿：《三国志·吴书·诸葛恪传》裴松之注引《江表传》）

故事二，诸葛恪敬酒

诸葛恪善于辩论，几乎无人能及。张昭是一位饱学之士，孙吴的老臣，对孙吴早期的立国和发展有重大影响。他为人严正，不苟言笑，是一位典型的礼法之士，对孙权的喝酒、狩猎、开玩笑等洒脱之举很不满，经常提出尖锐的批评。

孙权很喜欢诸葛恪，也很尊重张昭，但是，他不喜欢张昭的严谨、古板，总想找机会让诸葛恪捉弄一下张昭，顺便也让张昭这位饱学老臣为难一下诸葛恪，来个一箭双雕。

于是，在一次酒宴上，酒过三巡以后，孙权让诸葛恪给大家敬酒。敬别人，孙权不管，当诸葛恪敬到张昭的时候，张昭因为酒量小，已经有了几分酒意，不肯再喝，并说：

“这不是对待长辈的礼数啊！”

孙权一看，有点不怀好意地对诸葛恪说：“爱卿，你能让张昭无言以对，就让他把酒喝了。”于是，诸葛恪为难张昭说：“想当年姜太公九十多岁了，还秉旄仗钺，带兵打仗，没有说老呢。现在军队的事，您安歇在后方，饮酒吃饭时，敬您在先，怎么能说不养老呢？”张昭无言以对，只好把酒喝了。据此，陈寿著《三国志·诸葛恪传》记载，孙权“命恪行酒，至张昭前，昭先有酒色，不肯饮，曰：‘此非养老之礼也。’权曰：‘卿其能令张公辞屈，乃当饮之耳。’恪难昭曰：‘昔师尚父九十，秉旄仗钺，犹未告老也。今军旅之事，将军在后，酒食之事，将军在先，何谓不养老也？’昭卒无辞，遂为尽爵”。

故事三，吃马屎与吃鸡蛋

陈寿著《三国志·诸葛恪传》裴松之注引《诸葛恪别传》载：“恪尝献权马，先媽其耳。范慎时在座，嘲恪曰：‘马虽大畜，禀气于天，今残其耳，岂不伤仁？’恪答曰：‘母之于女，恩爱至矣，穿耳附珠，何伤于仁？’太子尝嘲恪：‘诸葛元逊（诸葛恪，字元逊）可食马矢。’恪曰：‘愿太子食鸡卵。’权曰：‘人令卿食马矢，卿使人食鸡卵，何也？’恪曰：‘所出同耳。’权大笑。”

意思是：诸葛恪曾经献马给孙权。献马之前，他先美化了马的耳朵。范慎当时在场，嘲笑他说："马虽然是大牲畜，但也是得天地之灵气而生的，如今你穿残了它的耳朵，岂不是有损仁爱吗？"诸葛恪回答说："母亲对女儿应该算爱到极致了吧，也会给她穿耳朵戴上珍珠来装饰，怎么能说是损于仁爱呢？"

能言善辩的诸葛恪出尽了风头，太子不高兴了，曾经略带恶意地对诸葛恪说："诸葛恪可以吃马屎。"太子心想，你不是善对吗，这回看你怎么说！

"愿太子吃鸡蛋。"诸葛恪很快地回答说。

孙权不明白，问诸葛恪："别人让你吃马粪，你却让他吃鸡蛋，这是为什么？"诸葛恪答道："反正这两样东西都是从一个地方出来的！"孙权大笑。

故事四，智对蜀使

吴、蜀联盟，不断有使节往来，有关历史记载很多。如陈寿著《三国志·诸葛恪传》裴松之注引《诸葛恪别传》载："权尝飨蜀使费祎，先逆群臣曰：'使至，伏食勿起。'祎至，权为辍食，而群下不起，祎啁之曰：'凤凰来翔，麒麟吐哺，驴骡无知，伏食如故。'恪答曰：'爰植梧桐，以待凤凰，有何燕雀，自称来翔？何不弹射，使还故乡！'祎停食饼，索笔作麦赋，恪亦请笔作磨赋，咸称善焉。"陈寿著《三国志·吴书·薛综传》裴松之注引《江表传》载："费祎聘于吴，陛见，公卿侍臣皆在坐。酒酣，祎与诸葛恪相对嘲难，言及吴、蜀。祎问曰：'蜀字云何？'恪曰：'有水者浊，无水者蜀，横目苟身，虫入其腹。'祎复问：'吴字云何？'恪曰：'无口者天，有口者吴，下临沧海，天子帝都。'"《三国志》诸葛恪本传载："后蜀使至，群臣并会，权谓使曰：'此诸葛恪雅好骑乘，还告丞相，为致好马。'恪因下谢，权曰：'马未至而谢何也？'恪对曰：'夫蜀者陛下之外厩，今有恩诏，马必至也，安敢不谢？'"

从以上记载看，多数是蜀国主动与吴国联系，好像蜀国有求于吴国。因此，在接待蜀国使节的过程中，诸葛恪在孙权的支持下，经常嘲弄对方。

一次，蜀国使者费祎到吴国，孙权设宴招待。但他预先告诉群臣："蜀国使节来的时候，你们要低着头喝酒吃饭，不要站起来迎接。"

费祎到了，大臣们完全按照孙权所说的那样低头喝酒吃饭，不理费祎。费祎一看，知道吴国想为难自己，就对他们说："天上凤凰来翔，麒麟为急于迎客，在进食时多次吐出食物，停下来不吃。一群驴骡无知，依旧低头饮食。"诸葛恪马上回敬他说："栽植梧桐，等待凤凰。何来燕雀，也称'来翔'？何不用弹射之，让他返回故乡。"

就这样，费祎和诸葛恪你来我往，相互嘲弄、刁难。

当谈到“吴”字和“蜀”字时，费祎问：“蜀字怎么样？”诸葛恪回答：“有水者濁（浊），无水者蜀，横目苟身，虫入其腹。”费祎又问：“吴字怎么样？”诸葛恪说：“无口者天，有口者吴，下临沧海，天子帝都。”诸葛恪代表吴国占了上风。

又一次，蜀国派使者前来结好，吴国群臣聚集，孙权对使者说：“诸葛恪喜欢骑好马，请回去告诉诸葛孔明丞相，赐给诸葛恪一匹好马。”诸葛恪马上跪下感谢孙权。

孙权说：“还没有给你马，你谢什么呢？”诸葛恪答道：“蜀国是您外面的马厩，现在您恩赐给我马，马一定会到的，怎么敢不谢您呢！”一席话把孙权说得心花怒放。因为在孙权看来，诸葛恪才思敏捷，在蜀国使者面前为吴国挣足了面子。

以上故事，的确显示了诸葛恪的聪明与善辩。但也有讨好孙权家族，开释孙权对诸葛氏家族疑虑的意思，透着伴君之臣的几分辛酸和无奈。但无论如何，诸葛恪的聪明、善辩确实赢得了孙权以及东吴群臣的赞扬与器重。如陈寿著《三国志》卷五十二《诸葛瑾传》载：诸葛恪“名盛当时，权深器异之”。陈寿著《三国志·吴书·诸葛恪传》裴松之注引《江表传》又载：“恪少有才名，发藻岐嶷，辩论应机，莫与为对。”权见而奇之，谓瑾曰：“蓝田生玉，真不虚也。”因此，孙权赞赏诸葛恪，将诸葛恪作为孙吴侨寓人士新生代的代表加以重点培养，从而使诸葛恪在黄武年后逐步成为孙吴政坛的一个重要人物。

（二）勤勉笃行

琅玡诸葛氏家风中的“勤勉笃行”是建立在“博学多智”的基础之上的。这里的“勤勉笃行”是为学的实践阶段，是“知行合一”的基本要求。《礼记·儒行》记载：“儒有博学而不穷，笃行而不倦。”“笃”有忠贞不渝、纯正踏实、一心一意、坚持不懈之意。“笃行”，即切实履行、专心实行。

从历史上看，诸葛氏族人治学讲究经世致用。他们读书，多主张从书中汲取有益于经国济民的成分，而很少有穷守章句的人。因此，诸葛氏家族虽然学者众多，但是都已转化为著名的政治家或军事家，而没有皓首穷经的所谓纯学者。如诸葛亮读书“独观其大略”，强化了读书的实用功能，以学习经国济民知识为主。

从实际行动上看，诸葛氏族人多淳厚朴实，注重身体力行和亲身实践。例如，诸葛丰从下层负责文化教育的官员做起，较多地接触实际情况。因为实绩突出，被推荐而任命为司隶校尉后，他认真履行职责，而且为了尽职尽责不惜得罪皇帝，更不在乎被免职。因此，从诸葛丰开始，诸葛氏家族就已有勤勉、笃实躬行的家风。

诸葛亮是勤勉、笃实躬行家风的忠实继承者，是躬行的典范。他在隆中未出山辅佐刘备之前，就躬耕南阳，边读书学习，边种菜、种瓜、种粮食，还为刘备分析了天下大势，设计了行动规划和奋斗目标，即提出了《隆中对》。

《隆中对》的提出，既是诸葛亮勤奋学习的结果，又是诸葛亮践行勤勉、笃实躬行家风的写照。诸葛亮长期在隆中生活，不仅有名师司马徽、庞德公、酆公玖等人的谆谆教诲，而且有黄承彦、马良、习祯、杨虑等名士的频频指点以及徐庶、石广元、孟公威等同学的相互激励。这样的环境，加上诸葛亮的虚心好学和关心时政，使诸葛亮终于成长为一个博学多才、奋发有为的杰出人才。也正因为如此，当刘备请诸葛亮出山时，诸葛亮才能在第一时间向刘备献出了像《隆中对》这样高屋建瓴而又切实可行的战略决策。

诸葛亮辅佐刘备后，提出了“令游户自实”计，帮助刘备扩充军队；舌战群儒，促成孙刘联盟，大败曹操军队，进而帮助刘备控制了荆州等地；谋划进军益州，或带兵到前线作战，或在后方积极恢复和发展社会生产，安定社会秩序，调集军饷支援前线，工作细致、周到、扎实。

章武三年（223），刘备托孤于丞相诸葛亮。刘禅即位后，封诸葛亮为武乡侯，蜀国政事不分大小，全由诸葛亮决断。

为了巩固蜀汉政权，诸葛亮自称："受命以来，夙夜忧叹，恐托付不效，以伤先帝之明。"事实上也是这样的，他面对百废待兴和强敌在侧的形势，对外，恢复了与东吴的友好往来；对内，平息南部叛乱，选贤任能，制定法规，屯田垦荒，重视蜀锦，实施盐铁官营，发展经济，增加税收，加强蜀汉政权的自身建设，取得了良好的效果。在此基础上，他于建兴五年（227）率军北伐曹魏，意欲实现"兴复汉室，还于旧都"的战略规划。

在处理国家大事的过程中，诸葛亮处事勤勉，坚持笃实躬行的精神，愈到晚年愈为突出。事无大小，他都亲自从公决断，以至于自校簿书，"夙兴夜寐，罚二十以上，皆亲览焉"。直至操劳过度，病死军中。

对诸葛亮的笃实躬行，特别是事无大小，他都亲自从公决断，虽不无可议论之处，但他的勤勉、躬行、实干、敬业的精神是值得充分肯定的。

此外，从诸葛亮《作斧教》一文，也可以从一个侧面反映诸葛亮的躬行笃实。

公元 229 年，诸葛亮派陈式率军攻打武都（甘肃武都）、阴平（甘肃文县西北），他自己率大军到建威，魏军郭淮部退走，于是平定了武都、阴平二郡。

蜀军进驻武都、阴平后，进行了休整。其间，诸葛亮对后勤工作进行了一次全面检查。他亲自过问武器的质量问题，令主管部门监制了几百把刀斧，试用了一百多天后，没有损坏的。同时，他亲自查清了攻武都时刀斧被鹿角损坏的原因，依法追究主管官吏的责任。为指明事情的重要性，他发布了《作斧教》。

在《作斧教》中，诸葛亮指出："前后所作斧，都不可用。前到武都一日，鹿角坏刀斧千余枚。赖贼已走，若未走，无所复用。间自令作部作刀斧百枚，用之百余日，初无坏者。尔乃知彼主者无意，以收治之，非小事也。若临敌，败人军事矣。"（梁玉文、李兆成等：《诸葛亮文译注》）意思是，前一段时间，先后制造刀斧，都不合乎使用的要求。不久前，我军到达武都那天，因砍敌人的鹿角就用坏了一千多把刀斧，幸好敌人已经败退，如果没有败退，就没有刀斧可以使用了。最近我命令作部新制作了数百把刀斧，使用了一百多天，全部没有用坏的。我才知道上次主管制作刀斧的官吏不负责任，应当依法拘捕治罪。这绝不是小事，如果这种情况再出现在战斗中，就要破坏我军的军事行动了。

位居丞相的诸葛亮亲自视察后勤工作，并科学解决存在的问题，可谓亲力亲为。

在诸葛恪、诸葛恢等晚辈中，勤勉谨慎、笃实躬行的风气仍是十分浓厚的。如诸葛恪在受诏辅政后，在勤勉、笃实躬行方面都较好地继承了家风传统，仅在处事谨慎方面比其叔父诸葛亮略差一些。

诸葛恪不仅才思敏捷、能言善辩，而且是一位实干家。他任丹杨太守时，经过精细研究，采取切实可行的措施，平定山越，解决了东吴的一个多年想解决而未能解决的难题。

孙权去世，孙亮继位后，诸葛恪是首席辅政大臣，掌握吴国的军政大权。此后，他在政治、军事等方面采取了一系列改革措施。

在政治上，首先，诸葛恪“罢视听，息校官，原逋责，除关税”。所谓“罢视听，息校官”，就是废除为士大夫社会所痛恨的“校事”制度；而“原逋责，除关税”，则主要是缓和对人民的剥削，顺应了社会的要求，有改革弊政的深意，因而深得士民的拥护。所以，在东吴，每当诸葛恪出入，百姓都争相看他，并以看到他为荣。

其次，诸葛恪调整统治集团内部的权责分工，试图把东吴诸王调离政治军事重地。

最后，诸葛恪打算迁都武昌。东吴的国都建业是孙吴皇族及其他既得利益集团的大本营，诸葛恪欲迁都武昌，是为了摆脱旧势力的束缚，改善处境，为改革减少阻力。

在军事上，诸葛恪发动了针对曹魏的北伐战争，想通过建立军事功绩来提高声望，进而巩固和加强权位。

建兴元年（252）十月，诸葛恪领兵4万，在天寒大雪的日子里，突袭魏军得胜，打死魏军数万人，缴获大量的器械物资。诸葛恪的威望大升。

第二年春，诸葛恪派人与蜀汉大将军姜维联系，想联合蜀汉攻魏，但引起了孙吴上下的强烈反对。他力排众议，一意孤行，率领20万军队攻打魏国，但以失败告终。

随着军事斗争的失败，诸葛恪的改革也失败了。尽管如此，诸葛恪的改革努力和实干精神还是值得肯定的。

诸葛氏后裔中的另一个代表性人物诸葛恢除以“政清人和”名闻天下外，还以善于处理复杂而繁重的实际事务，笃实躬行而见于史册。史载：“时四方多务，笺疏殷积，恢斟酌酬答，咸称折中。”他还“进忠实，退浮华”。“进忠实”即提拔任用忠于王事而肯于实干的人；“退浮华”即斥退或罢免华而不实、浮虚无为的官员。提出这样的主张与诸葛氏笃实躬行的家风是一脉相承的。

（三）澹泊志远

在诸葛氏家风中，“澹泊”和“宁静”、“志存高远”是连在一起的，是诸葛亮《诫子书》、《诫外生书》的主旨。在《诫子书》中，诸葛亮明确提出了“非澹泊无以明志，非宁静无以致远”的著名论断；在《诫外生书》中，他开宗明义写出了“志当存高远”的名句。

诸葛亮所说的“澹泊”主要有三层含义：一指生活上不要过分追求声色犬马，而要恪守俭约恬淡的原则；二指思想上不要过分追求官爵利禄；三指即使做高官，也要以常人之心处之，同时反对把做官当成攫取利禄的手段。如果做不到以上三点，那就无法明确自己的志向，即“非澹泊无以明志”。

诸葛亮所说的“宁静”是指心态安宁空灵，无各种污浊之念，是一种精神境界。在此基础上，一旦时机到来，又可以静中寓动，以静求动，动静相辅相成，干出一番轰轰烈烈的事业来，以达到“致远”的目的。“远”是指远大的志向、目标。如果没有安宁空灵的心态和静中寓动的准备，就无法树立远大的理想和目标。

诸葛亮在《诫子书》中还认为，“静以修身”“险躁则不能治性”。意思是“静”是一种不含任何杂念的精神境界，“静”能修养身心，与“静”相对的是“险躁”，“险躁”则不能陶冶性情。

从以上叙述可以看出，诸葛亮强调做人要学会澹泊和宁静，而不要“险躁”。这与《黄帝内经》所指出的“静则神藏，躁则消亡”，以及道家提倡的“清静”有相通的地方，所不同的是，诸葛亮不仅仅强调修身养性，还强调了“澹泊”、“宁静”与“明志”、“致远”的关系，认为只有“澹泊”、“宁静”，才能明确志向，才能有远大的志向，实现远大的目标。

澹泊宁静、志存高远的风气是从诸葛丰开始的。他在西汉元帝时，担任司隶校尉。司隶校尉掌“捕巫蛊，督大奸猾”，“察三辅、三河、弘农”七郡，权力很大。但他不是为了做官而做官，他任司隶校尉的目的是执法，是为了国家利益。因此，为了惩治罪犯，他不怕丢官甚至丢掉性命。

诸葛丰曾经上书汉元帝表明心迹：“常愿捐一旦之命，不待时而断奸臣之首，悬于都市，编书其罪，使四方明知为恶之罚，然后却就斧钺之诛，诚臣所甘心也。”“使臣杀身以安国，蒙诛以显君，臣诚愿之。”意思是，他常常希望抛弃性命，不待时机就斩奸臣之首，悬在都市，把罪犯的罪恶写在简牍上，使四方人知道干坏事应得的处罚，然后退下来被斧钺斩首，杀了他以安国，他也是心甘情愿的。也就是说，只要能使奸臣、罪犯受到应有的惩罚，有利于国家，他丢掉性命都是愿意的。相反，如果不能惩治罪犯，他就“愿赐清宴”，即请皇帝赐予他清闲，也就是让他辞职。

可见，诸葛丰在尽职尽责的前提下，面对死亡，他是淡定的，颇有些杀身成仁的意味，超出了一般意义上的“澹泊宁静”。在死亡面前都淡定了，当然也就不会过分追求名利了。就志向而论，诸葛丰要驱灭奸臣，而使国家政治清明，当属高远之志。因此，诸葛丰留下了“特立刚直”和“间何阔，逢诸葛”的历史典故。

据《汉书·诸葛丰传》载：诸葛丰“名特立刚直”。意思是说，诸葛丰以特立独行、刚强正直闻名于世。他在任司隶校尉时，因忠于国家、忠于职守，对各种违反法纪、有害于国家利益的人和事，不管是谁，都检举、揭发，并严惩不贷。即使皇帝袒护，他也不通融。

汉元帝有个外戚叫许章，因为是皇帝亲戚而受宠，骄奢淫逸，不守法令制度，他家的宾客犯了罪，与他有牵连。

元帝初元四年（前45），诸葛丰收集了证据，准备弹劾许章。恰巧在路上遇到了私自外出的许章。诸葛丰赶紧叫人停车，跑过去高举符节大喊：“下来！你被捕了！”

许章惊恐万分，扬鞭催马，立即驱车逃奔皇宫，诸葛丰紧追不舍，一直追到宫门。许章跑进宫中，哭咧咧地说：“皇上救命啊，诸葛丰要抓我！”汉元帝一听，生气地说：“这个一根筋，怎么连皇亲国戚也敢抓？”

再说，诸葛丰没抓到许章，便上奏其劣迹，请求皇帝严惩。汉元帝大怒，下令没收了诸葛丰的符节。

诸葛丰见汉元帝不但不惩罚许章，反而下令收了他的符节，心里愤愤不平，就上书皇帝，以年事已高为由，要求辞官回家。并说：“人大概都希望好好活着而讨厌危险与死亡。但是忠义之臣、正直之士不逃避困难与祸害的原因，实在是为了国君。”

皇上没有同意诸葛丰辞职，但因诸葛丰刚正不阿、疾恶如仇，得罪了当权者，其中有很多人在皇帝面前说他的坏话，皇上便免去了诸葛丰的司隶校尉职务，调任诸葛丰为城门校尉。

诸葛丰被贬调职务后，坚持正义的刚直个性不改，又上书检举光禄勋周堪、光禄大夫张猛等人的不法行为。元帝更加恼怒，想治其罪。这时，对诸葛丰不满的人也趁机说诸葛丰的坏话。结果，元帝将诸葛丰贬为庶人。

另据《汉书·诸葛丰传》记载：在诸葛丰任司隶校尉期间，“京师为之语曰：‘间何阔，逢诸葛’”。

“间”者，犯也；“阔”者，远离也。意思是说，诸葛丰在司隶校尉任上表现得相当出色，京师洛阳因此流传着一句话："作奸犯科的人为何都逃得远远的而见不到了呢，那是因为遇上了诸葛丰。"这是对诸葛丰的褒扬。

原来，诸葛丰出任司隶校尉后，刚直重义，侦察、检举、惩处无所回避，连皇亲国戚也不放过。他忠于职守，希望自己对国家有所贡献，不愿意落下在其位不谋其政，白吃饭的名声。他说："我常常希望能贡献出残余的生命，随时砍下奸臣的头，悬挂在街市上，编写出他们的罪状，让四面八方的人都知道作恶的惩罚。"他讨厌"苟合取容，阿党相为，念私门之利，忘国家之政"的小人之举。即讨厌苟且迎合，只求勾结党羽胡作非为，只知顾念私利而忘记国家政事的不良风气。

因此，在诸葛丰任司隶校尉期间，作奸犯科的人有所收敛。也正因为如此，京师洛阳才出现了"间何阔，逢诸葛"的歌谣。

诸葛瑾则以"风雅"实践了"澹泊宁静"。他在故乡琅玡阳都以孝闻名，母亲去世时，他"居丧至孝"，后来对继母又十分恭谨，很有曾子、闵子骞的风范，得到时人的称赞。

避乱江东，到东吴为官后，诸葛瑾为人弘雅，雍容大度。他在处理与吴王孙权的关系时，言语很有分寸，从不犯颜直谏，而是以小见大，微见讽喻。例如，孙权很看重诸葛亮的才能，希望诸葛亮到吴国为官。为此，孙权对诸葛瑾说：“你和孔明是同胞兄弟，而且弟弟跟随哥哥，在道义上是顺的，为什么不把孔明留在吴国呢？孔明如果留下来跟着我干，我可以写信向刘备解释，意遂人愿嘛，刘备会同意的。”诸葛瑾回答说：“我弟弟诸葛亮已经跟着别人干了，义无二心。他不留在吴国，就像我不去蜀国一样。”孙权觉着有道理，就更加敬重诸葛瑾了。

在处理同僚关系时，诸葛瑾本着以和为贵、使人相亲的原则，从不幸灾乐祸或乘人之危、落井下石，并尽量化解文臣武将与吴王孙权之间的矛盾，力促君臣间的和谐。

在处理对外关系时，例如对蜀国的关系时，诸葛瑾坚持“和”的原则。在刘备为报关羽之仇而倾全国之力伐吴时，孙权希望讲和，诸葛瑾曾写信给刘备，希望他能从兴复汉室的大局出发，分清轻重，罢兵言和。可惜刘备不听，以兵败而终。

在处理家人关系时，诸葛瑾做到了公私分明，“先公后私”。建安十二年（207），他奉命出使蜀国时，“与其弟亮俱公会相见，退无私面”。即兄弟间除了因公事相见，没有私人往来。

因此，陆机在《辨之论》中将诸葛瑾归为“风雅”之列，说“风雅则诸葛瑾……以声名光国”。周昭评论诸葛瑾的品行时，则引用《论语》的话说：“‘望之俨然，即之也温，听其言也厉’，使君体之矣。”又说：“至于三君（指诸葛瑾、张承、步骘）分好，卒无亏损，岂非古人交哉！”称赞诸葛瑾风流儒雅，举止端庄高雅，结交朋友时有古君子之风。

值得一提的是，《吴书》评价诸葛瑾：“才略虽不及弟，而德行尤纯。”意思是说，诸葛瑾的才略虽然不如他的弟弟诸葛亮，但是德行更纯。这在东汉末和三国时期是难能可贵的。

例如，东吴蜀汉之间关系问题的处理就很能考验诸葛瑾。孙吴与蜀汉之间既是联盟，也存在竞争，特别是赤壁之战后，孙、刘之间为争夺荆州明争暗斗，剑拔弩张。建安末，孙权接受吕蒙、陆逊等人的建议，偷袭关羽，全部占有荆州。在这一过程中，诸葛瑾处在复杂的境地。由于他的弟弟诸葛亮是刘备的辅臣，兄弟异国，各为其主，而且诸葛亮早在《隆中对》中已提出“跨有荆、益”的战略构想。因此，公元 215 年，孙权派遣诸葛瑾为特使到蜀国与刘备通好，兄弟俩有相聚的机会，按常理说，应该好好聚聚，但是，他俩只是在商议国家大事的时候才相会，私下从不交往。

公元 221 年，刘备以替关羽报仇为名举兵伐吴。既忠于汉朝，更忠于自己服务的孙权集团的诸葛瑾，从吴蜀联盟共同抗曹的角度考虑，写信给刘备，劝两家不计私仇，在兴复汉室、共同抗曹的大局下和解。这时，有人向孙权进谗告密，说诸葛瑾私通刘备。幸好，孙权不相信谗言，反而说："我与诸葛瑾有生死不改的誓言，他不负我，就像我不负他一样。"

在处理同事的关系方面，只要不涉及原则问题，诸葛瑾主张使人相亲，用现在的话说，就是讲团结。

例如，吴郡太守朱治是孙权亲自举荐、任命的。一次，朱治犯了错，孙权想责怪他，但由于平素一直对他很客气，难以当面责问，所以闷闷不乐，不知所措。诸葛瑾揣测到此事的原委，为了缓和关系，就上书孙权，以自身的事说明事理。孙权看后，很高兴，笑着对诸葛瑾说："我的心事你知道了。颜子的仁德是想让人们相互亲善，不就是说的这件事情？"实际上，是夸赞诸葛瑾有"颜氏之德"。

又如，虞翻是会稽儒学名士，汉末江南清议派的代表人物，但性格狷厉，嬉笑怒骂如同家常便饭，经常犯颜触怒孙权，让孙权很头疼，想发配虞翻。对此，朝臣中很少有人为他开脱，只有诸葛瑾多次为虞翻说情，认为流放虞翻欠妥。虞翻很感动，对亲戚和朋友说："诸葛瑾为人敦厚宽仁，则天活物，承蒙说情，有可能受保减轻处罚。"

诸葛亮是发展和丰富“澹泊宁静，志存高远”这一家风内涵的主要人物，可以说是这一家风的归纳者和优秀的实践者。他读书“独观其大略”，博采众长，尤其注重学习经民济国之术，不想做一个皓首穷经的学者；他广交社会名流，虚心向名士贤达学习，了解天下大势；以“好为《梁父吟》”抒发宏愿，以“常抱膝长啸”抒发激荡于胸中的豪情之气，以“自比于管仲乐毅”展示报国志向，以澹泊名利，“不求闻达”的姿态，累积着浩然正气、高远之志和济世之才。他出山从政后，为了救国救民，结束动乱与分裂，恢复国家的统一与安定，“受任于败军之际，奉命于危难之间”，“鞠躬尽瘁，死而后已”。他做官不是为了个人享受，而是为了奉献自己的聪明才智乃至生命。在蜀国，他辅佐刘禅时，位高权重，可以轻易上位易主，但他不为功名所诱，不为利禄所累，甚至当李严劝他“宜受九锡，进爵称王”时，他不但不受，而且再次强调他的奋斗目标是“帝还故居”，即恢复汉室，统一全国，而不是为了个人的名利权位。以下故事便是诸葛亮“澹泊宁静，志存高远”的旁证。

故事一，“抱膝长啸”

诸葛亮在隆中，与徐庶、石广元、孟公威等人一起学习时，早晨和晚上，“常抱膝长啸”（陈寿：《三国志·诸葛亮传》裴松之注引）。

一天，诸葛亮突然对徐庶、石广元、孟公威说：“你们三个人可官至刺史、郡守。”三个人听后，忙问：“我们能官至刺史、郡守，你呢？”诸葛亮“笑而不言”。

人之“啸”，一般是指撮口发出的长而清越之声，也就是俗话说的吹口哨。诸葛亮之所以“常抱膝长啸”，不是悠闲无聊之举，而是以“啸”抒发激荡于胸中的豪情之气，抒发成竹在胸的自信之气，与“自比于管仲乐毅”一样，都是志向的显现和自信的体现。

至于诸葛亮“笑而不言”，表明他不以当刺史、郡守为满足，而是有更远大的志向。

故事二，“自比管仲乐毅”

诸葛亮胸怀大志，在隆中时常常“自比于管仲乐毅”（陈寿：《三国志·诸葛亮传》）。管仲是我国春秋时期齐国的著名政治家，齐桓公任命他为卿（相），他协助齐桓公进行了政治、军事、经济上的一系列改革，很快使齐国达到了“通财积货，富国强兵”的目的，完成了“九合诸侯，一匡天下”的尊王攘夷任务，功业巨大，彪炳千秋。

乐毅是战国时期燕国的名将，他奉燕昭王之命联合韩、赵、魏、楚等国大败齐军，以不到半年的时间连下齐国七十余城，并占领齐都临淄。正在齐国即将覆灭之际，燕昭王死，惠王即位，听信了齐国的反间之计，撤换乐毅改派骑劫为将。齐军残部乘机发动反攻，大破燕军，得以复国。

了解了管仲、乐毅的事迹，即可理解诸葛亮自比管仲、乐毅的用心了。管仲和乐毅是诸葛亮心目中得遇明君、出将入相的楷模。显然，诸葛亮自比管、乐，是有大志的体现，是诸葛亮希望出将入相、建功立业思想的具体反映。管仲有治国才能，但其治国才能的充分发挥，是因为他遇到了明君齐桓公。乐毅有军事才能，但其军事才能的充分表现，是因为他遇到了求贤若渴的燕昭王。诸葛亮自信，自己有管仲之才、乐毅之能，如果遇到像齐桓公、燕昭王那样的明主，也会干出一番事业。正因为如此，诸葛亮在择主方面非常谨慎，因他欲择明主以展大志。刘表、曹操等皆不行，即使最后选择了刘备，也经过了对刘备“三顾茅庐”的考验。

故事三，“好为《梁父吟》”

诸葛亮在隆中耕读时，经常吟唱《梁父吟》。《梁父吟》是一首流传在齐鲁梁父山一带的挽歌，是诸葛亮家乡的歌。《梁父吟》全文如下：

> 步出齐城门，遥望荡阴里。里中有三坟，累累正相似。问是谁家冢，田疆古冶子。力能排南山，文能绝地理。一朝被谗言，二桃杀三士。谁能为此谋，国相齐晏子。

《梁父吟》讲的是春秋时代，齐景公的三个权臣被相国晏婴用计杀死的故事，即“二桃杀三士”的故事。据《晏子春秋》记载：春秋时期，齐景公养了公孙接、田开疆、古冶子三个勇士。他们或率兵征战，开疆扩土，有功于国；或临危不惧，保驾护主，有恩于君。因此，他们受到恩宠后便挟功恃勇，粗暴野蛮，目无礼法。

一次，晏婴从他们身边走过，向他们表示敬意，但他们既不起身，也不抬头。更有甚者，他们在齐景公面前也以功臣自居，不讲君臣之礼。他们自恃功高，目无君主，破坏朝仪，已成为国家的祸患。相国晏婴很忧虑，便对齐景公说：“我听说，明君所蓄养的勇士，对上服从君臣道义，对下讲究长幼伦常，对内可用来禁止强暴，对外可以威慑强敌。国君认为他们于国有用，臣下佩服他们的勇敢，所以才给他们以高官厚禄。如今，我们朝中的三位勇士，是不是这样呢？”

齐景公感到这个问题不好回答。晏婴见景公不语，便接着说：“如今，国君所蓄养的勇士，上不讲君臣道义，下不讲长幼礼仪，内不可以禁暴，外不可以慑敌。他们是国家的隐患，不如将他们除掉。”这正中景公的下怀，但他又心存顾虑，说：“这三个人很厉害，明打打不过，暗杀杀不了，怎么办？”

晏子说："这些人只知道靠勇力击敌，完全可以智取。"于是，晏婴请景公派人给三位勇士送去了两个桃子，让他们三个人按照功劳大小分着吃。公孙接首先站出来，说："我公孙接跟随主公狩猎，见一只猛虎向主公扑来，危急时刻，是我用拳脚将猛虎打死，保护了主公的安全。像我这样的功劳，可以独享一个桃子。"说完，便随手拿起一个。

田开疆也不示弱，嚷道："我奉命征讨敌国，用手中的兵器多次打退敌人。像我这样的功劳，也不能与别人同吃一个桃子。"说完，也伸手拿起一个。

古冶子见桃子全被他们拿走，便高声说道："我跟随主公渡黄河时，有一只大鼋咬住了驾车的马，将马拖入河中。在当时的情况下，我不会游泳，便潜到水底行走，向上走了一百步，又向下走了九里，才追上那只大鼋，将它杀死。当我左手抓住马尾巴，右手提着大鼋的头从水中一跃而出时，岸上的人都惊呼是河神出现，仔细一看，才知是我提着大鼋的头。像我这样的功劳，怎能没桃可吃？你们还不快把桃放回去！"

古冶子这一番充满夸张的表功，使公孙接、田开疆自惭形秽，说："我们勇敢比不上您，功劳没有您高，拿了桃子不相谦让，这是贪的表现。知道己贪而不去死，就是缺乏勇气。"说完，二人将桃子放回，自杀而死。古冶子见二人自杀，也非常羞愧，说："他们俩都死了，而我却活着，这是不仁；出言使别人感到羞耻，却还夸耀自己的名声，这是不义；悔恨自己的行为而又不敢去死，这是不勇。我认为他们俩应该分吃一个桃，难道我独吃一个桃就应该吗？"说完也没动那两个桃子，自杀身亡。

对于这件事，一些人说晏婴气量狭小，设计陷害三勇士。更有甚者，说晏子阴险残忍，善耍政治手腕。就连流传已久的《梁父吟》，也对三勇士有同情感，说他们是因谗言而死的。

关于诸葛亮"好为《梁父吟》"的原因，有人认为是诸葛亮思念家乡；有人认为是诸葛亮为"三士"因谗言死而惋惜；多数人认为诸葛亮是在抒发豪情壮志，以歌寄托自己的理想。最后一种说法应该是正确的，因为探讨诸葛亮"好为《梁父吟》"的原因时，除了考虑歌词的内容以外，还应考虑两个重要因素，那就是诸葛亮的经历和志向。

从诸葛亮的经历看，自他记事起，大汉朝廷就已经没有真正意义上的权威了。在地方，出现了许多掌握军政大权的地方军阀；在朝廷，因皇帝年幼，外戚与宦官往往专权，把皇帝玩弄于股掌之间。而"勤王"的董卓进京后，竟然按照自己的意愿处置皇帝；讨伐董卓的各路兵马也非善类，他们带走了洛阳宫中的珍宝，将汉献帝劫持到长安；黄巾起义自不待言，更令人震惊的是野心急剧膨胀的袁术，竟公然在淮南设置公卿百官，郊祀天地，当起皇帝来了。

这一切的一切令诸葛亮忧虑。在他看来，这些大大小小的藐视皇权者，都是春秋齐国公孙接、田开疆、古冶子式的人物，他们自恃手中的实力，目无朝廷君主，致使天下分崩，王纲颓坏。

在诸葛亮眼里，晏婴显然绝不是排除异己、陷害忠良的政客，而是一位善于治国、忍辱负重、品行高尚的贤相。

从诸葛亮的志向来看，诸葛亮有兴复汉室之志。因此，在天下危难之际，诸葛亮反复吟唱《梁父吟》，目的是肯定晏婴，缅怀晏婴为国除乱的功绩，是欲做新时期的晏婴，要把汉末那些大大小小的公孙接、田开疆、古冶子们一一除掉，使王纲重振，汉室复兴。换言之，诸葛亮反复吟唱《梁父吟》的目的是抒发自己的抱负和宏愿，是诸葛亮志存高远的表现。

故事四，拒受“九锡”

诸葛亮辅佐刘禅时，位高权重，可以轻易上位替代刘禅，但诸葛亮不为功名所诱，不为利禄所惑，全力辅佐刘禅。而同为托孤大臣的李严却身处高位，养尊处优，贪图名利，不关心国家利益。他还写信力劝诸葛亮“宜受九锡，进爵称王”。

“九锡”是国君赏赐给有功大臣的九种器物，包括衣服、车马、乐则、朱户（门上的朱漆）、纳陛（殿前特制的台阶）、虎贲（勇士）、弓矢、斧钺、秬鬯（用黑黍和香草酿成的酒）。受九锡进爵称王，是帝王对臣子的最高奖赏。

为了教育李严，诸葛亮写了《答李严书》。在书信中，诸葛亮写道：“吾与足下相知久矣，可不复相解！足下方诲以光国，戒以勿拘之道，是以未得默已。吾本东方下士，误用于先帝，位极人臣，禄赐百亿。今讨贼未效，知己未答，而方宠、晋，坐自贵大，非其义也。若灭魏斩叡，帝还故居，与诸子并升，虽十命可受，况于九邪！”（梁玉文、李兆成：《诸葛亮文译注·答李严书》）意思是：“我与您可算是老朋友了，难道还不相互了解吗？您现在用光耀国家来教诲我，告诫我不要拘泥于常规，因此我不能再缄默。我本是东方一个普通的读书人，误被先帝重用，成为地位最高的大臣，俸禄和赏赐极多。现在，讨伐敌人还没有成功，对知己的人还未能报答，然而就叫我比照着齐桓公、晋文公那样受到尊宠，自争自大，那就不合道理了。假如灭掉了魏，斩了曹叡，皇帝返还故都洛阳，那时我和诸位同僚一起升官晋爵，即使十种赏赐我也可接受，何况九锡呢！”

诸葛亮表明了若能消灭曹魏、斩杀曹叡，让皇帝能够还居故都，然后与诸位同僚一起升迁的意愿。在这里，诸葛亮再次强调他的奋斗目标是“帝还故居”，即恢复汉室，统一全国，而不是为了个人的名利权位。在这个目标未实现之前，对个人的地位不予考虑。即使到了目标实现之日，也是与诸位同僚一起升官晋爵，而不是独享其成。这封信表现了诸葛亮以天下为己任的抱负，也是诸葛亮澹泊明志的典型写照。

故事五，“七擒孟获”

建兴三年（225）春，诸葛亮率军到南中平定叛乱。他接受马谡“攻心为上，攻城为下，心战为上，兵战为下”的建议，进军顺利，至秋，全部平息叛乱。

在平叛的过程中，诸葛亮曾经七擒七纵孟获。

孟获是南中一带少数民族的首领，他率领的军队是叛军后期的主力。

诸葛亮听说，孟获不但打仗骁勇，而且在南中地区各族民众中有很高的威望，当地人很信服他，便想通过生擒迫使他归顺，从而达到收服南中民心的目的。于是，他下令，对孟获只许活捉，不能伤害。

五月，蜀军渡过泸水，与孟获军战，一举成功俘虏孟获。诸葛亮带孟获到营阵观赏，想震慑孟获。

观赏结束后，诸葛亮问孟获：“你觉得蜀军怎么样？”孟获回答：“我之前不知你军虚实，所以才战败。现今让我观看了营阵，原来不过如此，要打赢你们也不难。”

诸葛亮爽朗地笑了笑，说：“既然这样，我就放了你，你回去准备再打吧！”孟获被释放以后，逃回了自己的部落，重整旗鼓，再次进攻蜀军。他本是一个有勇少谋的人，根本不是诸葛亮的对手，第二次又被活捉了。

诸葛亮劝他投降，孟获还是不服，诸葛亮又放了他。就这样放了捉，捉了放，一次又一次。到了第七次捉住孟获的时候，诸葛亮还要再放。孟获却不愿意走了，他终于对诸葛亮彻底信服了，他说：“公，天威也，南中人不会再反叛了。”

诸葛亮很高兴，与孟获盟誓，蜀军成功平定南中。孟获因愿意为蜀汉服务，被诸葛亮重用，后来升为御史中丞。

诸葛亮对孟获的“七擒七纵”，反映了诸葛亮在处理少数民族问题上的谨慎态度和远大目光，也在事实上收到了良好的效果。

故事六，《谕谏》

蜀汉建兴三年（225）秋，诸葛亮平定了南中后，一反两汉以来委官统治、遣兵屯守的惯例，采取“不留兵，不运粮”，用任用与蜀汉友好的当地少数民族上层人士做地方官吏的办法管理南中。对此，有人认为不妥，对诸葛亮说：“我们好不容易征服了南中，为什么不派官吏来管理，反倒仍旧让那些民族头领管理呢？这样做，后果难以设想，不如任命外地人担任地方官稳妥。”

诸葛亮知道，这是相当多的一部分蜀汉官员的想法，而不仅仅是一两个人的疑虑，于是，作《谕谏》以答复。

在《谕谏》中，诸葛亮解释说：“若留外人，则当留兵，兵留则无所食，一不易也；加夷新伤破，父兄死丧，留外人而无兵者，必成祸患，二不易也；又夷累有废杀之罪，自嫌衅重，若留外人，终不相信，三不易也；今吾欲使不留兵，不运粮，而纲纪粗定，夷、汉粗安故耳。”（梁玉文、李兆成等：《诸葛亮文译注·谕谏》）意思是，如果要留外地人，就要留军队，军队留下却没有吃的，这是第一个困难；加上南中民族刚遭损伤失败，父兄死亡，留外地人而没有军队，一定会酿成祸患，这是第二个困难；再则，南中民族多次有废除和杀害外来官吏的罪行，自己怀疑与我们裂痕太大，如果留下外地人，始终不会相互信任，这是第三个困难。现在，我打算不留军队，不运军粮，而只把政纲法纪大体定下来，使当地民族与汉族大体上相安无事。

蜀汉官员看了诸葛亮的《谕谏》后，都很钦佩，感觉诸葛亮想得周到、长远。

蜀军撤走后，诸葛亮选拔南中各个部族中的上层分子担任其地各级政府的官吏，保留原来的部落组织，承认原来少数民族的头领、酋长的统治权力，给予新的封号，并世袭官职。

诸葛亮的办法实施后，南中确实再也没有发生过大规模的叛乱。因此，可以说，诸葛亮的办法是具有现代意义的民族自治政策，给后人留下了宝贵的精神财富。

（四）刚直忠廉

刚直忠廉是诸葛氏家风的核心内涵。

琅玡诸葛氏家族的一世祖诸葛丰首开“特立刚直”的家风。“特立”是指有坚定的志向和操守；“刚直”的意思是刚强正直。

诸葛丰在任司隶校尉时，对各种违反法纪，有害于国家利益的人和事，“刺举无所避”，有忠于国家、忠于职守的品质。这种“忠”又是与正直、无畏紧密联系在一起的。《汉书》称诸葛丰“名特立刚直”，即他有坚定的志向和操守，以人格独立，不与邪恶同流合污，刚强正直、忠诚无畏而闻名于世。这对诸葛氏后裔产生了深远的影响，为诸葛氏特立刚直，忠诚俭廉家风的形成起到了奠基作用。

诸葛瑾处事外柔内刚，对国家和孙权政权忠贞不渝，是特立刚直家风的另一种表现形式。例如，孙权对部下殷模十分不满，要给以严惩。许多人为殷模说情，反而使孙权更为愤懑。只有诸葛瑾对此默不作声。孙权询问后，诸葛瑾才表达了以下观点：他与殷模都是因为自己的家乡遭受战乱，生灵涂炭，才背井离乡，投到孙权的麾下。在这种情况下，没能互相督厉，以报答孙权的知遇之恩，反而陷入罪过之中，表示愧疚还来不及，实在是不敢再多说什么了。孙权听后深受感动，赦免了殷模的过错。

在处理这件事的过程中，诸葛瑾没有正面与孙权交锋，而是运用动之以情的柔和方式，达到了保护殷模的目的。这种外柔内刚的处事风格，其基础是对当时的整个国家和诸葛瑾效力的孙权政权的忠贞不渝。

诸葛亮的族弟诸葛诞对曹魏政权的忠诚也颇令人敬佩。曹魏后期，在魏国大权已经落在司马懿的儿子司马师和司马昭兄弟两人手中的情况下，司马昭派人探试诸葛诞，希望诸葛诞叛魏而支持司马氏，但是诸葛诞直接表示，“若洛中有难，吾当死之”，直率地表示了对曹魏的忠贞。同时，诸葛诞为防止司马氏篡位，他一方面攻杀扬州刺史乐綝，尽收扬州甲兵及军粮，集于寿春，闭门自守；另一方面，他以儿子诸葛靓为人质，派长史吴纲到吴国求救。吴国闻讯，派兵3万驰援。甘露二年（257）六月，司马昭挟魏帝统率26万大军征讨诸葛诞。诸葛诞虽奋力突围，但被追杀。

应该指出的是，诸葛诞是亲曹集团中最后一位有实力的人物，在司马氏代魏已成定局的情况下，他举兵抗拒司马氏集团，不是无奈，而是出于对曹魏集团的忠诚，这与诸葛氏的家风是一致的。在大势已去时仍忠于自己的政权，足显诸葛诞的刚直和忠诚。他的儿子诸葛靓受其影响，在吴国灭亡后回到西晋，但采取了与司马氏不合作的态度，不愿接受司马氏的官爵，并终生不面向司马氏朝廷的方向而坐，表现出了正直、无畏、忠诚的品格。

诸葛亮是刚直忠廉家风的实践者和忠实的倡导者。诸葛亮自幼就遭遇父母相继亡故和战乱的不幸。但是，国家和家庭的悲剧并未能使年轻的诸葛亮消极颓废，畏缩不前，反而培育了他的刚毅之气。

诸葛亮是有坚定的志向和操守的人，他身居隆中而胸怀天下，曾向刘备献出了著名的《隆中对》，并终生为其奋斗。

诸葛亮是“忠”的典型。他说：“人之忠也，犹鱼之有渊，鱼失水则死，人失忠则凶。”认为忠诚对于人的重要性，可与鱼之于水相比，须臾不可离也。他忠于国家和人民，为了恢复国家的统一，他南征北伐，虽屡经挫折，但忠心不改；他呕心沥血辅佐刘备、刘禅父子，鞠躬尽瘁，最后病逝于五丈原。他不仅自己一生追求忠贞，而且对部属也时时、事事以忠贞来衡量。在《前出师表》中，他向后主刘禅推荐

陕西省勉县城南定军山武侯墓

郭攸之、费祎、董允等人，首先看重的就是其“志虑忠纯”，为“贞良死节之臣”。他重用蒋琬，是因其“托志忠雅”，推荐吕凯是因其“执忠绝域”，而姜维因“忠勤时事”而被选为接班人。

“忠”是与“正”紧密联系在一起的，诸葛亮忠于国家的统一大业，必然要反对一切搞分裂的不正行径。所以，诸葛亮对外一次又一次地北伐曹魏，对内平定南中等地的叛乱，同时与蜀国内部破坏统一事业的李严等势力进行了坚决的斗争，敢于依法处理那些危害国家安全和统一大业的势力，表现出了凛然正气。因此，张辅在《乐葛优劣论》中感慨：“睹孔明之忠，奸臣立节矣。”

诸葛亮的忠诚深深地影响着他的后代。他的儿子诸葛瞻在魏将邓艾攻打蜀国时，面对邓艾“封王”的诱降，怒斩来使，英勇战死。诸葛瞻的儿子诸葛尚，闻讯后也冲入敌阵战死，用生命表达了对蜀国的忠诚。

诸葛亮一生提倡勤俭廉洁，反对奢侈，以节俭为美德，是尚廉崇俭的典型。他以俭廉教育子弟，在《诫子书》中告诫子孙：“俭以养德”。希望后代子孙在满足正常生活的物质需求的基础上，不为物欲所驱使，不过分地追求奢华。他十分赞赏楚国令尹孙叔敖的节俭作风，曾发布《昔孙叔敖教》，称赞孙叔敖，号召部属向孙叔敖学习，以节俭为荣。他廉洁奉公，节俭治家，从不贪污受贿。他说自己在“成都有桑八百株，薄田十五顷，子弟衣食，自有余饶”。这一点田产，对他的地位及权力而言，是相当廉洁的。特别需要指出的是，购置这一点产业的金钱还来自刘备的赏赐。他还曾向刘禅剖白心迹说：“臣死之日，不使内有余帛，外有赢财，以负陛下。”诸葛亮去世后，“如其所言”。而且，诸葛亮去世前，“遗命葬汉中定军山，因山为坟，冢足容棺，殓以时服，不须器物”。

诸葛亮一生清正廉洁，崇俭抑奢，无私而来，清正而去，北伐途中，死在任上，葬在去世之地。一国丞相，哪里死哪里葬，坟墓仅能放下一口棺材。没有随葬品，仅殓以时服，真是少见。这种丧事节俭的做法，是难能可贵的，也是诸葛亮始终坚持以廉立身、以廉养身、以俭养德的明证。

诸葛亮墓位于陕西省勉县城南定军山下，因诸葛亮有遗命，当时，诸葛亮墓（武侯墓）周围仅植柏树 54 株，无其他纪念性建筑。经过近两千年后，人们为怀念诸葛亮，历年增加了武侯墓庙等建筑。

现在的武侯墓庙，坐西向东，三院并连，有 40 余间殿宇。武侯墓在正殿之后的大院之中，位于墓庙的中轴线上，头西脚东，取“永怀西蜀”之意。墓冢为汉制“复斗式”，高 4 米，直径 21 米，周长 64 米，砌以八卦形花格砖垣。墓头有两株植于263年、高约19米、冠幅约25米、树干围约3米的桂花树。1996年，被国务院公布为全国重点文物保护单位。

反映诸葛亮忠正、俭廉的历史故事很多，下面仅述几例以飨读者。

故事一，永安托孤

夷陵战败后，刘备病危，刘禅庸弱，蜀国处于危亡之秋。在此危急时刻，刘备意识到，只有诸葛亮才能力挽狂澜，拯救蜀汉。这时，刘备与诸葛亮君臣间的信任升华到了无以复加的程度。

章武三年（223）的春天，刘备在永安病情加重，诸葛亮奉诏带着皇子鲁王刘永、梁王刘理，到永安见驾。

刘备弥留之际，托孤于诸葛亮。他对诸葛亮说："你的才能十倍于曹丕，必能安定国家，最终成就大事。若嗣子可以辅佐的话就辅佐他，如果他不能成材的话，你可以取而代之。"

诸葛亮泪流满面地说："我一定竭尽全力贡献我所有的才能，精忠卫国，死而后已，请陛下放心！"

接着，刘备又传诏对刘禅说："你对待孔明丞相，应当像对待父亲一样。"临终时，刘备还是不放心自己的儿子，又叮咛鲁王刘永说："我死了以后，你们兄弟要像对待父亲一样对待诸葛亮，让大臣们与丞相共事就行啦。”

就这样，诸葛亮“受任于败军之际，奉命于危难之间”，开始了辅佐刘禅的历程。

故事二，“国人不疑”

章武三年（223）五月，刘禅继位后，封丞相诸葛亮为武乡侯，领益州牧，开府治事。43 岁的诸葛亮开始辅佐 17 岁的刘禅治理蜀国。史载：蜀国的“政事无论大小，都由诸葛亮决定”。出现了诸葛亮“职为臣，行令如君”，刘禅“位为君，事臣如父”的局面。

诸葛亮能够有这样的权力和地位，对一般人的吸引力是巨大的，这个吸引力就是再向前迈一步，就可以即位称帝。然而，这种吸引力在诸葛亮面前没有起作用。

诸葛亮忠于职守，“夙夜忧叹，恐托付不效，以伤先帝之明”。他事事上表奏请，最大限度地发挥自己的才干；事事处以公心、忠贞为国，处处不失君臣之礼。在这期间，同为托孤大臣的李严曾劝诸葛亮加九锡，向至尊之位靠拢，但被诸葛亮义正词严地拒绝了。所以，诸葛亮“权倾一国”达十余年，“竟能上不生疑心，下不兴流言”，连刘禅也放心地说：“政事由诸葛亮来管，祭祀由我来办理。”形成了诸葛亮“摄一国之政，事凡庸之君，专权而不失礼，行君事而国人不疑”的局面。

在古代社会，为争夺皇位，父子兄弟君臣相互残杀的事件屡见发生。诸葛亮位至丞相，掌握蜀国军政大权，而后主刘禅暗弱，可以说皇位唾手可得。在这样的情势下，诸葛亮“行君事而国人不疑”，实属不易和难能可贵。

故事三，挥泪斩马谡

建兴六年（228）春，诸葛亮第一次率军北伐曹魏。蜀军戎阵整齐，赏罚肃而号令明，南安、天水、安定三郡顿时叛魏而响应诸葛亮，关中为之震动。为此，魏明帝曹叡亲自到长安坐镇，派张郃领兵5万抵抗诸葛亮。

当时，胜负的关键是守住咽喉要地街亭。因此，诸葛亮遣马谡到街亭设防。可惜马谡既没有遵守诸葛亮的部署，又不接受副将王平的劝阻，弃城不守，上山设阵。随后，张郃将蜀军包围在山上，切断水源。蜀军缺水，陷于混乱。张郃再督军大举进攻，蜀军大败，马谡逃走，街亭失守。北伐军失掉了进攻的据点和有利形势，被迫退回。诸葛亮下令将违犯军令、导致街亭失守的马谡逮捕收监。

马谡，字幼常，才器过人，喜欢谈论军事计谋，官至越嶲太守。诸葛亮很器重、偏爱他，每次约他谈话，时间都很长，甚至通宵达旦。刘备临去世时，曾经提醒诸葛亮说：“马谡言过其实，不可大用。”诸葛亮不以为然，任命马谡为参军。

诸葛亮南征平叛时，马谡送诸葛亮几十里远。诸葛亮向他征求良策妙计，马谡便提出了著名的“心战为上，兵战为下”的战略思想，被诸葛亮采用，收到了很好的效果。自此，诸葛亮对马谡更加偏爱，两个人的交情更加深厚。但在马谡失街亭后，诸葛亮为忠君爱国，严肃军纪，决定斩马谡。

斩马谡时，蒋琬等很多人亲自到现场为马谡求情，诸葛亮不允许。

马谡临终不仅毫无怨言，而且表达了他与诸葛亮之间的深厚感情，他说：“孔明公把我当儿子，我把孔明公当作父亲。我的心愿是希望孔明公效仿杀鲧而兴禹的大义之举，以对得起我和孔明公的平生之交。这样，我虽然死了，但无恨于黄泉。”

诸葛亮听后，泪如雨下，哽咽着喊出了一个“斩”字，在场的数人也泪流满面。

斩马谡后，诸葛亮上书请求刘禅皇帝，对有功的王平给予封赏，将他自己的官职降了三级。

埋葬马谡后，诸葛亮亲自去祭奠他，并像对待自己的亲生儿女一样对待马谡的遗孤。

故事四，“鞠躬尽瘁，死而后已”

“鞠躬尽瘁，死而后已”，出自诸葛亮在第二次北伐前夕写给刘禅的《后出师表》。意思是，恭敬谨慎、不辞劳苦地为国家献出自己的一切，直到死为止。这是诸葛亮一生的真实写照。

诸葛亮在南阳耕读的目的，是积极准备入世为国家效力。而一旦入世就做到了鞠躬尽瘁，死而后已。

诸葛亮出山辅佐刘备后，便始终不渝，忠贞不贰。他受命于败军之际，奉命于危难之时，在曹操大军压境之际，肩负重任，到东吴去说服孙权，力抗强敌。他辅佐刘备取益州，建蜀汉。刘备病重托孤时，曾明确告诉诸葛亮，对刘禅能辅佐就辅佐，不能辅佐就取而代之。但诸葛亮既为人臣，毫无野心，对蜀汉政权忠贞不渝。他赤胆忠心，力辅幼主，治国安民。

为了改变蜀国的不利局面，诸葛亮在南征、北伐之余，亲自过问农业、织锦、煮盐、冶铁、铸钱等事，日理万机，废寝忘食，殚精竭虑，尽职尽责。南征平叛时，屯骑校尉、领丞相长史、平阳亭侯王连劝他："此不毛之地，疫疠之乡，不宜以一国之望，冒险而行。"极力反对诸葛亮亲身领军。但诸葛亮认为平定南中事关重要，不能顾及个人安危，便毅然亲自领兵出征。在北伐战争中，诸葛亮更是夙兴夜寐，殚精竭虑，终积劳成疾，以身殉国，志愿未达而死，留下了千古遗憾。

诸葛亮既有经天纬地的雄才大略，又有超群绝伦的军事才能，是著名的政治家和军事家，他鞠躬尽瘁，不是为报答刘备的知遇之恩，更不是对蜀国君主的愚忠，而是爱国爱民，因而被千古传颂。

故事五，《昔孙叔敖教》

诸葛亮崇尚节俭，生活上以俭朴为荣，反对奢华，十分赞赏楚国令尹（相当于宰相）孙叔敖的节俭作风。为此，他给下属写了教令《昔孙叔敖教》。

《昔孙叔敖教》原文："昔孙叔敖乘马三年，不知牝牡，称其贤也。"（梁玉文、李兆成：《诸葛亮文译注》）意思是，从前，孙叔敖坐了三年马车，竟然不知道拉车的是母马还是公马。这种节俭和一心扑在国事上的精神，真配得上他那贤德的名声啊。

在此教中，诸葛亮以"孙叔敖乘马三年，不知牝牡"一事，劝勉属下要节俭、一心为国，不要过分在意物质享受。

孙叔敖，姓蔿，名敖，字孙叔。春秋时楚国期思（今河南省淮滨县东南）人，楚国令尹。他曾帮助楚庄王指挥军队大败晋兵，称霸一方。他经常粗茶淡饭，粗衣简服，出门乘坐马拉的竹木车，不饰奢华。

韩非说：孙叔敖"栈车牝马"，"其俭逼下"。意思是说楚相国的节俭之风为下级官员树立了榜样，即使有奢侈之习的人，也将迫于形势而有所收敛。这给诸葛亮以极大的启发。所以，诸葛亮同样以身作则，号召部属向孙叔敖学习，以节俭为荣。目的是减轻人民的负担，节约国家的开支，进而达到既可以积蓄力量抵抗曹魏，又可以养成节俭风气，培养官员美德的目的。

故事六，“蓄财无余”

诸葛亮在《又与李严书》中说：“吾受赐八十万斛，今蓄财无余，妾无副服。”（梁玉文、李兆成：《诸葛亮文译注·论诸子》）意思是，我得到80万斛的赏赐，现在没有多余的积蓄，连妻子也没有与身份相称的衣服。

李严（？—234），后改名李平，字正方，南阳（今河南南阳）人，在犍为太守任上，他曾大兴土木，把郡城整修一新，史称“观楼壮丽，为一州胜宇”。他还大盖房舍，以满足自己的需要。他与诸葛亮同为刘备临终前的托孤之臣。但他久居高位，养尊处优，贪图名利，不关心国家利益。因此，诸葛亮说：“李严作为大臣，所受的恩惠太多，但不思对朝廷忠报。”

诸葛亮写《又与李严书》的目的，一是表明自己的清廉；二是现身说法，教育李严要节俭、清廉。

其实，诸葛亮的俸禄和得到的赏赐是丰厚的，但他一生崇尚节俭。他所得到的绝大部分财物都赏赐给了有功的将士和用来抚养烈士的后代了。即使像马谡那样因犯错而被处死的将领的遗孤，诸葛亮也像对待自己的亲生儿女一样抚养。

“蓄财无余，妾无副服”，是诸葛亮一生廉洁从政的真实写照。他曾经向刘禅呈过一份关于家庭经济状况的清单：“臣初奉先帝，资仰于官，不自治生。今成都有桑八百株，薄田十五顷，子弟衣食，自有余饶。至于臣在外任，无别调度，随身衣食，悉仰于官，不别治生，以长尺寸。若臣死之日，不使内有余帛，外有赢财，以负陛下”。

诸葛亮去世，清点他的财产，果然像他所说的那样。一国之相能做到这样，不愧是千古为政清廉的典范，令人万分敬佩。

诸葛亮的后世子孙也不乏忠正清廉者，如诸葛靓、诸葛璩、诸葛恢等。

诸葛靓，字仲思，曾担任吴国的右将军、大司马，以“忠贞”著称。在他的父亲诸葛诞举兵反对司马昭时，诸葛靓随长史吴纲到吴国称臣求援，后曾担任吴国的右将军、大司马。寿春兵败时，诸葛诞被杀，被灭三族，诸葛靓因在东吴而幸免。

诸葛靓在吴国时，在一次朝堂大会上，皇帝孙皓问他：“你的字是仲思，思什么呢？”

诸葛靓回答说：“在家思孝，事君思忠，朋友思信，如

此而已。”（《世说新语·言语》）

西晋咸宁六年（280），西晋灭掉吴国后，诸葛靓被带到京都洛阳。

晋武帝司马炎与诸葛靓不仅有交情，而且有亲戚关系，诸葛靓的姐姐是琅玡王司马伷的妃子。诸葛靓到洛阳后，武帝很想见他，就让诸葛靓的姐姐诸葛太妃约诸葛靓到家中做客，以便相见。

本来，司马氏对诸葛靓的家族有杀戮之仇，诸葛靓发誓，坚决不与西晋当权者为伍，司马炎曾经任命他为侍中，他坚决推辞不接受。但是，姐姐有请，诸葛靓还是去了。

诸葛靓到了诸葛太妃那里和武帝见了面。彼此行礼打过招呼以后，就开始喝酒。

喝酒喝到很畅快的时候，武帝问诸葛靓：“你还经常想起我们小时候的交情吗？”诸葛靓说：“臣不能吞炭漆身，今日复睹圣颜。”说完后，诸葛靓的鼻涕、眼泪都流出来了。武帝既惭愧又懊悔，起身走了。

在这里，诸葛靓提到了“吞炭漆身”的历史典故。据《史记·刺客列传》记载：春秋末年，晋国的大夫赵襄子灭了智伯，智伯的家臣豫让为了杀赵襄子给智伯报仇，就用漆涂身，使身上长癞疮，以改变形貌；吞炭弄坏嗓子，使声音沙哑。毁容变音后，使人不识，再去报仇。

诸葛靓说“臣不能吞炭漆身，今日复睹圣颜”的意思是，我不能学豫让毁容变音为家人报仇，今天才又见到了圣上。言外之意，我不报仇，你就应该知足了，还谈什么小时候的交情。

不久，诸葛靓回到了琅玡乡里隐居。直至终老于乡里，他都不向朝廷所在的洛阳方向坐立，以表示他的刚直之气和对吴国的忠诚之心。这与他的先祖诸葛丰一脉相承。

诸葛璩（？—508），字幼玟，南朝齐、梁学者。他的经史知识广博，曾帮助史学家臧荣绪编撰《晋书》。

齐建武初年（494），南徐州行事江祀向齐明帝推荐诸葛璩，他说：诸葛璩“安贫守道，悦《礼》敦《诗》，未尝投刺邦宰，曳裾府寺，如其简退，可以扬清历俗。请辟为议曹从事”。齐明帝答应了江祀的请求，但诸葛璩推辞不接受。

大诗人谢朓任东海郡太守时，曾经说：“处士诸葛璩，高风所渐，结辙前修。”他赞扬诸葛璩，并给予物质资助。

梁武帝天监（502—519）年间，江夏太守萧琛、安成王萧秀、鄱阳王萧恢都对诸葛璩很钦佩。诸葛璩的母亲去世后，他在守丧期间，因过度悲痛而极度瘦弱，萧恢多次去慰问他。服丧完毕，又有人举荐他，他仍然没有接受。

诸葛璩“勤于诲诱，后生就学者日至”，门徒经常达到

100人；他“旦夕孜孜，讲诵不辍”，学术造诣较高，被称为一代宗师（姚思廉：《梁书》卷五十一《处士·诸葛璩传》）。

诸葛恢（284—345），字道明，随司马睿渡江后，他的名声仅次于王导、庾亮。王导很看重诸葛恢，在王导担任司空时，诸葛恢在座，王导指着头上的冠冕对诸葛恢说：“你将来也会戴上这个。”

建兴元年（312），司马睿按照皇帝的旨意调任诸葛恢为会稽太守。临行时，司马睿设宴招待诸葛恢，对诸葛恢说：“今天的会稽，如同从前的关中，兵多粮多，需要有好的太守。因为你有治理之才，所以委屈你去。当今四方分崩离析，应该救正扶危。什么是当务之急，请你跟我说一说。”诸葛恢先表达完谢意，然后说：“当今天下动乱，风俗衰败，应该‘尊五美，屏四恶’，提拔重用忠诚贤良之士，斥退罢免浮华的人。”司马睿认为他说得很有道理。

“尊五美，屏四恶”，语出《论语·尧曰》。孔子认为，在乱世之中，一个君子要想治理好一方，必须做到“尊五美”，即恪守五条好的原则，即：第一，惠及百姓而又不造成国家的浪费；第二，必须选择那些民众愿意付出劳动的事，即与他们利益攸关的事，让他们劳动；第三，欲而不贪，即有正当合理的欲望，但不贪婪；第四，泰而不骄，即强大自尊而不骄傲；第五，威而不猛，即威严而不凶猛。同时，还必须做到“屏四恶”：第一，对民众不教化而随意杀戮，这就是残虐；第二，对民众事先不告诫而只看最后的结果，这就是暴政；第三，平日放松进度督促而突然说到了最后限制，这就是害人；第四，给人东西时，犹豫、吝啬，这就是小家子气。只有屏除四恶才能成为君子，也才能搞好与民众的关系。

诸葛恢任会稽太守三年，“政清人和”，“政绩第一”，为各郡之首，皇帝发诏表彰，并提拔、重用。

随司马睿渡江的还有颍川的荀闿、陈留的蔡谟。他们的字和诸葛恢的字一样，都是“道明”，名声也较高。时人将他们三个人称为“中兴三明”，并有谚语说：“京都三明各有名，蔡氏儒雅荀葛清。”唐朝名相房玄龄也评论说：“蔡葛知名，或雅或清。”“清”的意思是清正廉明，可见诸葛恢有清廉的美德。

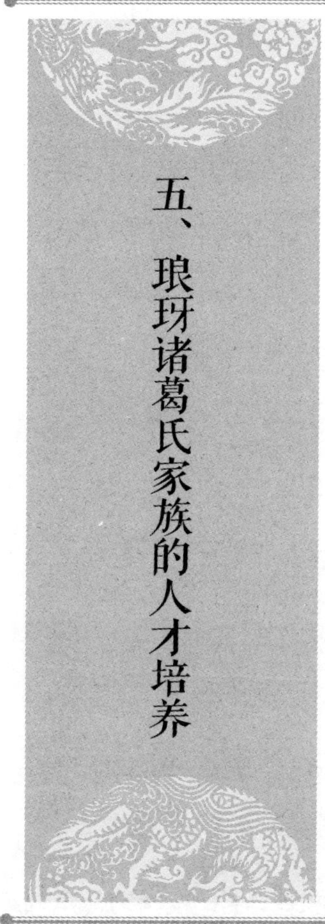

五、琅玡诸葛氏家族的人才培养

良好的家风是家族人才培养的文化基础。自诸葛珪始至汉末魏晋时期，琅玡诸葛氏家族人才辈出且功绩卓著。这与琅玡诸葛氏家族重视人才培养和其良好家风的浸润、熏陶是分不开的。

（一）重视对儒学的学习、传承和实践

琅玡诸葛氏家族是一个世代学习传承与践行儒学文化的家族，如诸葛丰“以明经为郡文学”，后来因功被提拔为司隶校尉，负责京师七郡的监察治安等事务，他处处事事以儒学为标准，弘扬了儒学重视社会责任的思想，对不奉行法度者坚决予以惩治，表现出了儒学提倡的“正”与“直”的

人格。他虽然受到当时邪恶势力的打击压制，被撤职并终老于家，但是由于坚守了儒学的基本理念，以国家和民族利益为重，因而在千百年之后，他依然为正直的人们所肯定和崇敬。

诸葛珪、诸葛玄兄弟不仅都因通晓儒学而出仕，而且皆能以儒学教育诸葛瑾、诸葛亮等后辈，为琅玡诸葛氏家族的发展繁荣奠定了良好的文化基础。诸葛瑾从小接受儒家思想教育，忠君孝亲，友于兄弟。陈寿在《三国志・诸葛瑾传》中认为他“非道不行，非义不言”，“遭母忧，居丧至孝，事继母恭谨，甚得人子之道”。他尽长兄之责，爱护和教育弟弟妹妹，手足之情笃深；他曾游学京师洛阳，学习和研究《毛诗》、《尚书》、《左氏春秋》等。这为他后来的从政、处世提供了良好的条件。

诸葛亮在《论诸子》中，曾对道家、法家、纵横家等作了一针见血的评论，唯独没有评论儒学，这表现了他对儒学主导地位的尊重。他在青年时期隐居隆中10年，虽对各家皆有所吸收，但主要学习、研究儒家学说，与他交往的主要人物如司马徽、庞德公等也都是儒学家。诸葛亮从政以后，以儒家的“大一统”思想为行动的指导方针，只是在处理具体事务时参用法、兵、道、农等学派的思想，这说明他的思想的主旨仍然是儒家思想。

诸葛瑾和诸葛亮的后辈，如诸葛恪、诸葛瞻、诸葛恢等也因受家学影响，皆学习、传承和践行儒学，思想的主流也都是儒学。

在当时，重视儒学，就是重视主流文化。因此，琅琊诸葛氏家族教育子孙学习儒学，把握儒学的主旨精髓，有利于其子孙后代站在时代的高度，把握主流文化，进而有利于其子孙后代的发展。

（二）重视道德、性情和礼仪的培养

琅琊诸葛氏家族在培养人才时，坚持德才兼备的原则，重视道德、性情和礼仪的培养。

在重视道德与性情培养方面，诸葛亮总结其家族培养人才的经验，在《诫子书》中开篇就写道："夫君子之行，静以修身，俭以养德。"告诫子孙要做品德高尚的人，即要做"君子"。而要做君子，就必须修身、养性、养德。诸葛亮曾多次论述高尚的道德，特别是"忠"对于人生和事业发展的重要意义。例如，他在《兵要》一文中曾说："人之忠也，犹鱼之有渊。鱼失水则死，人失忠则凶。"他在《出师表》中则认为，为政者应该"亲贤臣，远小人"。同时，诸葛亮曾多次强调节俭对养德的重要作用，主张节俭教子。他希望其后代子孙在满足正常生活的物质需求的基础上，不为物欲所驱使，不过分地追求奢华，从而在物质引诱面前保持平静的心态，依靠俭来培养品德。进而做到看轻世俗的名利，不贪图名利富贵，恬静寡欲而具有远大志向。实际上，诸葛亮自己也是这样做的。考诸历史可知，一个人做到节俭、不奢侈不浪费，退则可以安贫乐道，视富贵如浮云；进则可以廉洁奉公，勤政爱民。因此，诸葛亮的育人思路是正确的、可取的。

当然，诸葛亮也重视才能的学习和培养。如他在《诫子书》中指出："才须学也。非学无以广才，非志无以成学。"强调了立志、学习、成才的重要性。

在礼仪培养方面，琅玡诸葛氏家族重视交往礼仪和处理公与私之间的关系。如诸葛亮在一篇短文《论交》中指出："势利之交，难以经远。士之相知，温不增华，寒不改叶，能四时而不衰，历夷险而益固。"大体意思是：以权势和名利为基础的交往，是难以持久的。读书人之间的相知相交，就像草木温暖时不会多开花，松柏寒冷时不会改换叶子，能够经历一年四季而不衰败一样，经历平坦和艰险以后日益牢固。显然，诸葛亮提倡"温不增华，寒不改叶"的交友观，而唾弃"势利之交"。又如诸葛亮在《兵要》中指出："言行不同，竖私枉公，外相连诬，内相谤讪，有此不去，是谓败乱。”即言行不一致，树立私党违背公法，对外就互相串通诬陷别人，对内又恶意讥嘲、攻击，有这种人不清除，就会失败。说的虽然是军队内的情况，但是也适应他处。即要求做人要言行一致，不徇私枉法，不诬陷、讥讽、攻击他人。换言之，就是人与人之间的交往要正当、适度。

琅玡诸葛氏家族在一些具体事情上，如在待人接物方面对子女也有细微的关怀和培养。如前所述，诸葛亮在《又诫子书》中指出，酒席的摆设，目的在于合乎礼节和沟通感情，以适应身体和性格的需要为度，尽到礼节便可退出，这就达到和谐的极点了。当主人兴致未尽，客人还有余量的时候，可以饮酒至醉，但不可到昏迷错乱的程度。这是诸葛亮在具体事情上对子女的关怀，颇有道理。

自古以来，爱自己的子女乃是父母的共同心理，但爱有大爱和一般爱的区别。琅玡诸葛氏家族，特别是诸葛亮对子女的爱，是一种为长远计的大爱。他们教育子孙不但讲明了修身养德的途径和方法，也指明了立志与学习的关系；不但讲明了宁静澹泊的重要，也指明了放纵怠慢、偏激急躁的危害。他们不是让子孙在家中享受安乐，而是把子孙放到为国效命的实践中，锤打锻炼，让子孙为国家建功立业。当然，诸葛氏家族也重视具体的礼仪教育，乃至制约饮酒数量的教育，教育内容全面而有高度，值得今人重视和借鉴。

（三）重视高远之志的培养

培养高远之志是琅玡诸葛氏家族培养人才的首要任务。在《诫外生书》中，诸葛亮开宗明义对后代提出了“志当存高远”的要求，强调立志高远的重要性。接着，他提出了保持和实现高远之志的途径和方式方法，即：一要仰慕学习古圣先贤和向当代人学习、请教；二要弃绝个人不正当的物欲、情欲，要戒绝私情杂念；三要能屈能伸，撇开各种影响和妨碍志向实现的不利因素；四要“去细碎”，即“观其大略”，即在学习方法上，不能像一般儒生那样寻章摘句、死记硬背，“务于精纯”，要着重掌握文章的精神实质，立足于经世致用、安邦治国。最后，《诫外生书》指出了没有远大志向或志向不坚毅的后果，即会碌碌无为，永远混迹在凡夫俗子之间，永远沦入凡庸之列。

在具体的教育活动中，琅玡诸葛氏家族教育人才要把振兴国家、民族的大计作为高远之志，并以此为基础，努力学习成才。例如，诸葛亮为他的儿子取名为诸葛瞻，字思远，意欲让儿子高瞻远瞩，志存高远。诸葛瞻自幼聪慧过人，一般为父者见儿子天资聪慧会喜不自禁，但诸葛亮却担心儿子因聪慧过人而放弃了后天的努力，难成拥有大智的栋梁之才。他在给哥哥诸葛瑾的信中就流露出了这样的忧虑："瞻今已八岁，聪慧可爱，嫌其早成，恐不为重器耳。"（陈寿：《三国志·诸葛亮传》附《诸葛瞻传》）

从历史上看，琅玡诸葛氏子弟多为立志高远之人。如诸葛丰关心国家兴衰，对"奢淫不奉法度"的行为，敢于惩治。他对"以四海之大，曾无伏节死谊之臣，率尽苟合取安，阿党相为，念私门之利，忘国家之政"的现象，深感痛恨与耻辱。他为了国家的振兴，"常愿捐一旦之命，不待时而断奸臣之首，悬于都市，编书其罪，使四方明知为恶之罚，然后却就斧钺之诛"（班固：《汉书·诸葛丰传》）。这说明，他为了振兴国家，不怕牺牲生命。诸葛亮及其兄弟诸葛瑾、诸葛诞等处于国家由分裂到局部统一，再到全国统一的时期，为了实现国家的再度统一，民族重新振兴繁荣，各在自己所处的环境中，作出了积极的努力。特别是诸葛亮，他不仅全面、透彻地了解和把握了国家大势，而且提出了明确的统一国家的纲领——《隆中对》，并为之奋斗了一生。

（四）重视实践在人才培养中的作用

琅玡诸葛氏家族在培养人才时，重视实践的作用，注重

“动”与“静”的结合，即注重实践能力和理论文化素质的培养。在这方面，诸葛亮是一个典型。

诸葛亮经过了母亲、父亲相继去世，家乡琅玡一带战乱不止，流落江南，隆中躬耕陇亩等历练，使他认识到了社会现实，经受了锻炼，体会到了人生的艰辛，同时也激发了他救民于水火，改变社会无序状况的雄心壮志，激发了他从理论上学习研究救国救民之术的热情。他充分利用了自西汉诸葛丰以来发展起来的家族优势，同时利用了叔父诸葛玄与刘表“有旧”的条件，很快与荆襄地区的名门望族及鸿儒硕学密切交往，因而很快成长起来。

诸葛亮由动入静以及认真学习思考、汲取群体智慧而终于成才的过程，是琅玡诸葛氏培养人才的基本过程。诸葛亮对待子侄晚辈也运用了这样的方法。由于晚辈们没有经历过艰难困苦、颠沛流离，所以要想成才必须经过实践的锻炼考验。例如，诸葛亮让过继子诸葛乔直接上与魏军作战的前线，负责督运粮草工作。据陈寿著《三国志・诸葛亮传》附《诸葛乔传》裴松之注引《诸葛亮集》记载，诸葛亮在给他的哥哥诸葛瑾的信中说：“乔本当还成都，今诸将子弟皆得传运，思惟宜同荣辱。今使乔督五六百兵，与诸子弟传于谷中。”后来，在街亭战役时，诸葛乔为保护粮草安全，与敌人力战而死。诸葛亮的孙子诸葛尚（247—263），与魏军邓艾作战时见父诸葛瞻战死，便悲愤地单骑冲入敌阵，英勇战死，年仅 17 岁。这说明诸葛尚也很早参加了实战。这种让子弟到实际中锻炼成长的教育方法，无疑是正确的。

诸葛瑾的长子诸葛恪，自幼才学过人，敏思捷对。孙权对他很器重，欲任他为节度官，典掌军粮。诸葛亮知道后，立即给吴国大臣陆逊写了一封信，信中说："家兄年老，而恪性疏，今使典主粮谷，粮谷军之要最，仆虽在远，窃用不安。足下特为启至尊转之。"（陈寿：《三国志》卷六十四《诸葛恪传》裴松之注引《江表传》）孙权见到这封信后，便改变了主意，没有让诸葛恪典主粮谷。大凡做长辈的，都愿意晚辈有大出息，被人重用，压"大担子"锻炼。但诸葛亮深知自己的侄子有性格粗疏的毛病，认为他担当典粮重任，可能会出差错，不但误了国家，也会害了自己。从这封信中，可以看出诸葛亮对诸葛恪的真切爱护。同时，也可以看出，诸葛亮让后辈在实践中锻炼是有尺度和原则的。

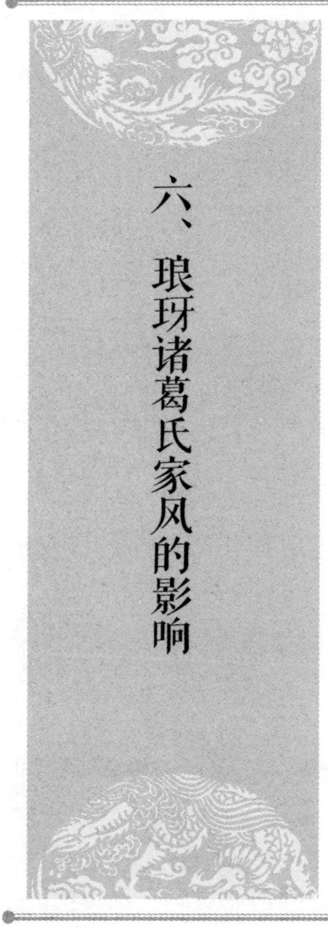

六、琅玡诸葛氏家风的影响

琅玡诸葛氏家风内涵丰富，特色鲜明，具有较强的教化作用，因而万代流传，历久弥新，显示出了极强的生命力，不仅对诸葛氏后裔，而且对我国家教文化和中华民族精神都产生了一定的影响。

（一）诸葛亮后裔继承家训家风

诸葛亮的后裔很好地继承和弘扬了琅玡诸葛氏家风。例如，诸葛恪效忠吴国。诸葛恪的忠贞主要表现在他对吴国幼主的辅佐上。太元元年（251），孙权临病召诸葛恪“诸事一以相委”。这也是托孤，与刘备永安托孤给诸葛亮的情形十分相似。手握军政大权的诸葛恪也像诸葛亮那样感激涕零，完全按照孙权的遗诏把太子孙亮扶上了皇位，并曾尽力辅佐之。他还给其弟诸葛融写信，要求弟弟“整顿军具，率厉将士，警备过常，念出万死，无顾一生，以报朝廷”（陈寿：《三国志·诸葛恪传》）。

诸葛瞻父子杀身成仁。景耀六年（263）冬，诸葛瞻率军奋力抵抗魏国征西将军邓艾，激战后壮烈殉国，他的长子诸葛尚，亦同时阵亡。对此，时人予以崇高评价。东晋人干宝说：“瞻虽智不足以扶危，勇不足以拒敌，而能外不负国，内不改父之志，忠孝存焉。”（陈寿：《三国志》卷三十五《诸葛亮传》附《诸葛瞻传》裴松之注引）

诸葛靓思忠孝信。诸葛诞的儿子诸葛靓在吴国官至大司马。《世说新语·言语》载：“诸葛靓在吴，于朝堂大会。孙皓问：‘卿字仲思，为何所思？’对曰：‘在家思孝，事君思忠，朋友思信，如斯而已。’”晋灭吴后，诸葛靓隐匿不出，不愿出仕于晋，又不面向朝廷而坐，以示对孙吴的忠心。

诸葛诞的小女则嫁给了太尉王凌之子王广。王广，字公渊，有风量才学，名重当世。后因王凌废立事件牵连，夫妇同被诛杀。时人赞诸葛诞的女儿不改诸葛氏家风。

琅玡诸葛氏的远代后裔分布广泛，家族文化也因地域文化和传播者的差异而有所不同，但其核心内容是一致的，即都继承了琅玡诸葛氏优良的家风，都以《诫子书》等家训训

浙江省兰溪市诸葛村的钟池

浙江省兰溪市诸葛村的门对之一

诫子弟。例如，在琅玡诸葛氏后裔居住的浙江省兰溪市诸葛村，建筑格局按“八阵图”样式布列，村子中心为钟池。

诸葛村宗祠制度非常严密，族中的祭祖、家教、农耕、社交等活动，均以《诫子书》、《诫外生书》等祖训为准绳。入学者首先要习诵《诫子书》，必须熟记不忘，且要继承诸葛亮立志、广学、成才、宁静、澹泊、俭廉的志趣。学子们要从事农业劳动，以示继承诸葛亮在隆中布衣躬耕的传统。

诸葛村的住宅装饰、门对楹联也反映出了琅玡诸葛氏家风的内涵。例如，门对有“鞠躬尽瘁扶汉室，澹泊宁静传家风”，“俭而养德明志远，学以成才贵淡宁”，“诸葛大名垂宇宙，宗臣遗像肃清高”，“丞相子孙聪慧种，高隆辈出读书人”等；楹联有“田十五顷，桑树八百株，完其澹泊、永垂百代清廉典范；雄文廿四篇，珠玑数万字，教我子孙、宜享万年俎豆馨香”等。可见，琅玡诸葛氏家风深深地影响了诸葛氏后裔的家族文化。

（二）琅玡诸葛氏家风对我国家教的影响

琅玡诸葛氏家族优良的家风，不仅在诸葛氏后裔中得到传承，而且在其他家族也不同程度地得到了弘扬，对我国的家教文化产生了一定的影响。诸葛亮之后的历代家教多引用诸葛亮家训或受琅琊诸葛氏家风的影响、启发。如南北朝时颜之推的《颜氏家训》、唐代的《太公家教》、北宋司马光的《家范》、明清之际学者孙奇逢的《教子家训》、清代教育家朱柏庐的《朱子治家格言》等，都在不同程度上受到了诸葛氏家训内容的启示、影响。

晋朝时，西凉王李暠（351—417），字玄盛，陇西人，其后人称其为“陇西公”。他曾被唐朝李氏奉为先祖，唐玄宗李隆基天宝二年（753）追尊李暠为兴圣皇帝，诗人李白、李商隐也尊李暠为先祖。李暠对诸葛亮《诫子书》的思想推崇备至，曾亲自书写《诫子书》诫勉他的儿子说：“览诸葛亮训励，应璩奏谏，寻其终始，周孔之教尽在中矣。为国足以致安，立身足以成名，质略易通，寓目则了，虽言发往人，道师于此。”（房玄龄等：《晋书·凉武昭王李玄盛传》）希望他的儿子师法诸葛亮的家训，以立身安国。

即使在今天，仍有许多人以诸葛亮家训中的名句“澹泊以明志”，“宁静以致远”，“静以修身，俭以养德”，“非学无以广才，非志无以成学”，“志当存高远”等为座右铭。

特别值得一提的是，中共中央总书记、国家主席、中央军委主席习近平也赞同“非学无以广才，非志无以成学”的说法。

2014年5月4日上午，习近平到北京大学考察。在北京大学师生座谈会上，习近平以《青年要自觉践行社会主义核心价值观》为题作了讲话。在讲话中，他认为广大青年树立和培育社会主义核心价值观，要在“勤学”、“修德”、“明辨”、“笃实”上下工夫。

在讲到“勤学”时，习近平指出：“知识是树立核心价值观的重要基础。古希腊哲学家说，知识即美德。我国古人说：‘非学无以广才，非志无以成学。’大学的青春时光，人生只有一次，应该好好珍惜。……要勤于学习、敏于求知，注重把所学知识内化于心，形成自己的见解，既要专攻博览，又要关心国家、关心人民、关心世界，学会担当社会责任。”在这里，习近平引用了诸葛亮《诫子书》中的“非学无以广才，非志无以成学”句，勉励广大青年立志、向学、成才。这是诸葛亮家训历久弥新、至今仍具有生命力的一个很好的佐证。

（三）琅玡诸葛氏家风与民族精神

忠君爱国是琅玡诸葛氏家风的核心，与以爱国主义为核心的中华民族精神是一致的。如诸葛亮“鞠躬尽瘁，死而后已”的风范具有巨大的精神感召力，千百年来感染了一代又一代的仁人志士。每当民族遭受危机的时刻，许多英雄豪杰、仁人志士以诸葛亮为榜样，用诸葛亮的事迹激励自己，为国尽忠效力。如北宋李纲在靖康初年力主迎战金兵被谪，至高宗即位召为相后，仍然致力于恢复大业。他的精神支柱就是诸葛亮，曾说：“诸葛亮佐蜀，连年出师以图中原，不如是不足以立国。”抗金名将宗泽临终之时，含恨吟诵杜甫咏诸葛亮的名句“出师未捷身先死，长使英雄泪满襟”，三呼“过河”而死。南宋志士文天祥十分仰慕诸葛亮，曾作《怀孔明》诗载：“至今《出师表》，读之泪沾胸。汉贼明大义，赤心贯苍穹。”

鸦片战争后，国家内忧外患加剧，大批忧国忧民的仁人志士期盼具有经天纬地之才、安邦定国之功的卧龙诸葛亮再现，以救国安民。如甘肃兰州五泉山武侯祠殿中题联云：“凭栏纵眼观，叹东方大陆，风起云飞，欲请卧龙作霖雨。”甘肃秦州武侯祠楹联说：“乾坤群盗满，叹邻境几无净土，雷雨何曾起卧龙。”民国时，南阳执事曹慕时为南阳武侯祠题联，表达了自己虽是小吏，不能与丞相诸葛亮相比，但以“乡贤”诸葛亮为楷模，为国尽忠效力的心境：“叹风尘末吏，未遑窃比，追溯鞠躬尽瘁，心香一瓣学乡贤。”

琅玡诸葛氏家族为学、为官、修身、养性皆讲究智慧，换言之，尚智是琅琊诸葛氏家风的特点，这与中华民族崇尚智慧的传统是一致的。例如诸葛亮在文化品格上提倡澹泊明志，宁静致远，仁智敦厚，但又积极“接世”，刚直重义，敢于牺牲，鞠躬尽瘁，死而后已。在学术上兼收并蓄，博采众长，学风上“独观其大略”，主张经世致用。在为官方面，尚德笃行，严于律己；清正廉洁，崇俭抑奢；荐贤举能，礼贤下士；用心平，劝诫明，教之以德，严之以刑；通权达变，因时制宜；为官一任，利民一方。仅从陈寿说他“抚百姓”，“开诚心、布公道”几点上，就可以看到一个充满智慧的高大的古代政治家形象。从治军之道上讲，他既重视战略战术，又重视将士训育及军事后勤保障供应，崇尚正义，重视人谋，处处充满智慧，堪称三国时期的翘楚乃至中国古代治军的楷模。从发明创造上讲，他善于继承创新，改革“八阵”、“损益连弩”，创制“木牛流马”，“作五折钢铠、十折矛”等。总之，智慧表现在诸葛亮一生的方方面面，他的智慧关乎修身、养性、学习、立志、做人、做事，关乎国家兴亡，是大智慧，是中华民族智慧发展的高峰之一。因此，诸葛亮被视为中国古代知识分子的代表，军师、贤相、良臣的典范，是中华民族智慧的典型和楷模，影响久远。至今，人们还常常把那些有聪明机智、有谋略的人称为“小诸葛”、“赛诸葛”或“活诸葛”等。

琅玡诸葛氏家风强调立志的重要性，有“非澹泊无以明志”、“非志无以成学”、“志当存高远”等重要论述，对中华民族尚志精神的形成起到了一定的推动作用。诸葛亮之后，许多有识之士更加强调立志的重要性。例如，魏晋“竹林七贤”之一的嵇康阐述和发挥诸葛亮“志当存高远”的要求，把立志作为人生的第一要义。他说：“人无志，非人也。”认为一个人若没有远大志向，就不是真正意义上的人。他告诫子孙，人的志向首先要有一个明确的目标，然后要排除干扰，知行合一，持之以恒，坚持到底，不达目的，誓不罢休。他还像诸葛亮一样，向子孙后代深入地分析了志向不坚定对人、对社会的危害。

南宋理学大家朱熹说：“学者大要当立志。”朱熹的学术继承者，南宋学者真德秀也认为，“学者欲去昏惰之病必以立志为先”。

明代学者胡居仁认为：“立得志定，操得心定，不至移易，则学自进。”明代思想家王守仁认为，为学以立志为先、立志为本，并指出：“志不立，天下无可成之事，虽百工技艺，未有不本于志者。”把立志看成做好一切事情的决定性因素。这与诸葛亮立志思想是一脉相承的。

明清之际的思想家王夫之提出了“以正志为本”的立志教育主张。曾说：“善教人者，亦以至善以逐正其志，志正，则意虽不立，可因事以裁成之。”强调了“正志”的作用，并认为以至善正志的人是“善教人者”。

总之，琅玡诸葛氏家风的精髓与中华民族精神有许多共同或相似之处。因此可以说，琅玡诸葛氏家风既是中华民族精神浸润的结果，又在一定程度上丰富和发展了中华民族精神。

结语

琅琊诸葛氏家风的内涵较为丰富，特色较为鲜明，对其家族及其他家族具有较强的教化作用，世代流传且历久弥新。因此，整理、研究、传承琅琊诸葛氏家风是非常必要的。正因为如此，我感到能参加由山东齐鲁文化研究院组织编写、人民出版社出版的《中国名门家风丛书》的编纂工作是非常荣幸的。

在编著《琅琊诸葛氏家风》的过程中，山东齐鲁文化研究院院长王志民教授、王钧林教授和刘爱敏副教授对本书的编写给予精心指导；人民出版社的崔秀军编辑对本书给予斧正；山东省沂南县诸葛亮研究会会长李遵刚，山东诸葛氏后裔诸葛效植、诸葛希培、诸葛福龙先生，浙江诸葛氏后裔诸葛坤亨先生，广西诸葛氏后裔诸葛保满先生，以及湖北省襄阳市、浙江省兰溪市、山东省临沂市、四川省成都市诸葛亮研究会、四川省成都武侯祠博物馆等为本书的撰写提供了谱牒、诸葛氏遗文等资料；临沂大学美术学院院长任世忠教授，羲之书画院副院长朱前永、书法系负责人刘希龙为本书提供了部分书画作品；临沂大学王厚香教授、张勇博士等参与了本书的校对工作。在此，一并表示衷心的感谢。

应该特别申明的是，本书在编写过程中，参考和引用了许多相关研究成果（含图片），因便于阅读的需要，没有一一注明，敬请谅解并表示衷心的感谢。

附录

（一）临沂市河东区坊坞村保存的《全裔堂诸葛氏宗谱》

始　祖

讳亮，字孔明，后汉时封武乡侯。蜀志注云：《诸葛氏谱》泰山郡丞珪公生三子，长瑾，次亮，三均，与妻章氏相继卒，三子俱叔父玄公抚养。侯子名瞻。

第二世

讳瞻。瞻生三子，长尚，次京，三质。质为使入蛮邦结好。

第三世

讳京。按《全裔堂谱》载，京公及显公于咸熙年间由河东还。

第四世

鄞，配萧氏，复归里。

第五世

肖，赘葛氏。

尚。

第六世

虎，配孔氏。

第七世

针，赘葛氏为诸葛姓，居泗州。

第八世

真，儒学道术知所处。

第九世

童。

第十世

天。

第十一世

雨，赘河南葛邨，号诸葛氏，校尉、光禄大夫。

第十二世

涓，配于氏。

第十三世

于。

第十四世

修，居沛阳。

施，洛阳令。

第十五世

建，居金华。

第十六世

分，医学训术。

第十七世

匀。

伦。

第十八世

辉，居建康。

羽，任典赐丞。

第十九世

敦，复居。

第二十世

安，赘居青民，刺史，寓载州。

第二十一世

童，隐居大晋山中。

离。

第二十二世

便，丰城令。

第二十三世

春。

夏，安禄山兵起，隐北邙山中。

秋。

第二十四世

松，校尉，玄宗帝时幸蜀不还。

桧，青城令。

柏，衡州守坐，隐遁山林。

第二十五世

淮，居北邙。

泗。

澐，占筮为业。

第二十六世

连，捕鱼为业。

第二十七世

升，洛阳令。

兴。

第二十八世

训，后周时典分校国子司业，徙会稽上竈渡，复姓诸葛。

第二十九世

英，居上竈渡。（生四子：福、禄、祯、祥。）

豪，行成一，号天乐，配潘氏，继配董氏，后居天乐。（生二子：德彰、德楚。）

俊，赘樊江支氏。（生三子：行敏、行仁、行信。）

杰，（生一子：嘉兴。）

第三十世

福，（英之长子。）配赵氏。（生四子：邦本、邦宁、邦辅、邦佐。）

禄，（英之次子。）配韩氏。（生二子：俯、仰。）

祯，（英之三子。）配杨氏。（生三子：龙孙、回孙、超孙。）

祥，（英之四子。）配阮氏。（生二子：湮、淳。）

德彰，（豪之长子。）行满三，赠迪功郎。配裘氏，继配祝氏，（生三子：福之、森之、保之。）

德楚，（豪之次子。）行满三，配陈氏，（生一子：敬三。）

行敏，（俊之长子。）配沈氏。宋徽宗间登王嘉榜进士，授侍读学士，转大理丞。（生四子：安卿、安节、安民、安巢。）

行仁，（俊之次子。）配张氏。中书舍人。

行信，（俊之三子。）沈晦榜进士。

嘉兴，（杰之子。）朝散大夫，居嘉兴。配何氏。

第三十一世

邦本，（福之长子。）登沈晦榜进士，长州丞。配胡氏，生二子：长五朋，次六朋。

邦宁，（福之次子。）任青州守，朝散大夫。配李氏，生三子：一朋、二朋、十朋。

邦辅，（福之三子。）配史氏。

邦佐，（福之四子。）配袁氏。

俯，（禄之长子。）配潘氏。（生四子：琛、琏、琔、瓘。）

仰，（禄之次子。）配钱氏。（生一子：岑。）

龙孙，（祯之长子。生三子：仲淹、仲淳、仲申。）

回孙，（祯之次子。生三子：仲寅、仲显、仲可。）

超孙，（祯之三子。生一子：仲德。）

湮，（祥之长子。）

淳，（祥之次子。）

福之，（德彰之长子。）行福一，配成氏。（生二子：兰孙、兰容。）

森之，（德彰之次子。）行福二，配陈氏。系井头领工，清花灌潭同祖一支。（生二子：兰谷、兰畹。）

保之，（德彰之三子。）行福三，继配许氏。（生四子：茂六、茂捌、茂玖、均敬。）

敬三，（德楚之子。生一子：冬。）

安卿，（行敏之长子。）

安节，（行敏之次子。）行万十七，配车氏。余复榜进士，朝散大夫。（生四子：回之、元之、献之、定之。）

安民，（行敏之三子。）行万十八。

安巢，（行敏之四子。）行万十□。配宗氏。（生二子：逸之、欲之。）

第三十二世

五朋，邦本公（之长）子。

六朋，邦本公（之次）子。

一朋，邦宁公（之长）子。

二朋，邦宁公（之次）子。

十朋，邦宁公（之三）子。（生一子：行可。）

琛，（俯之长子。）行玉四，（配）赵氏，居山阴天乐。

琏，（俯之次子。）行玉五，（配）周氏。

琔，（俯之三子。）行玉七，（配）黄氏。（生一子：贵。）

瓘，（俯之四子。）行玉八。（生一子：兴。）

岑，（仰之子。）配赵氏。（生一子：惟恭。）

仲淹，（龙孙之长子。）

仲淳，（龙孙之次子。）

仲申，（龙孙之三子。）

仲寅，（回孙之长子。）配蔡氏。

仲显，（回孙之次子。）

仲可，（回孙之三子。）

仲德，（超孙之子。）

兰孙，（福之之长子。）（生三子：汉卿、祥卿、士卿。）

兰容，（福之之次子。）行茂五，配鲁氏。系楼下派萧山县地方。（生四子：俊卿、遂良、后明、遂安。）

兰谷，（森之之长子。）行茂三，配陆氏。（生三子：汉臣、义甫、子明。）

兰畹，（森之之次子。）行茂七，配厉氏。

茂六，（保之之长子。）配曹氏。（嗣子子祥。）

茂捌，（保之之次子。）失考。

茂玖，（保之之三子。生二子：得章、得祥。）

均敬，（保之之四子。）行华一，配余氏。居屈领上。（生二子：国宾、宗器。）

冬，（敬三之子。）配姜氏。（生一子：志五。）

回之，（安节之长子。）

元之，（安节之次子。）

献之，（安节之三子。）

定之，（安节之四子。）

逸之，（安巢之长子。）

欲之，（安巢之次子。）

第三十三世

行可，（十朋之子。）行仍一。进士，授教谕，转授临安教谕，朝散大夫。至元朝至正十九年配陆氏。（生一子：文德。）

贵，（瑸之子。）

兴，（瓘之子。）任江州彭泽县丞。（生一子：千能。）

惟恭（后文只一惟字），（岑之子。）配翁氏。元文宗时授万户。（生二子：士吉、士庆。）

汉卿，（兰孙之长子。生二子：子明、子员。）

祥卿，（兰孙之次子。）

士卿，（兰孙之三子。生二子：子云、子中。）

俊卿，（兰容之长子。生一子：子祥。）

遂良，（兰容之次子。）

后明，（兰容之三子。）

遂安，（兰容之四子。）

汉臣，（兰谷之长子。）

义甫，（兰谷之次子。）

子明，（兰谷之三子。）

志五，（冬之子。）

第三十四世

文德，（行可之子。）行庆一，配沈氏。（生一子：哲。）

千能，（兴之子。）进士，任苑马寺丞，直宝兴阁。配沈氏。（生一子：世安。）

士吉，（惟之长子。）配周氏。元顺帝时授万户。（生一子：应奎。）

士庆，（惟之次子。）家遭祸变，改姓逃匿山林。复居琅玡郡。（生一子：应璧。）

子明，（汉卿之长子。）

子员，（汉卿之次子。）

子云，（士卿之长子。）

子中，（士卿之次子。）

子祥，（俊卿之子。）出继茂六公，系茂七公子。

第三十五世

哲，（文德之子。）行寿三。

世安，（千能之子。）

应奎，（士吉之子。生二子：垌、堉。）

应璧，（士庆之子。生三子：浩玉、细玉、三玉。）

第三十六世

垌，（应奎之长子。）

堉，（应奎之次子。）

浩玉，（应璧之长子。）

细玉，（应璧之次子。）

三玉，（应璧之三子。）

第三十七世

（第三十七世以下参考大坊坞村《诸葛氏宗谱》补充部分内容）

大如。生二子，长云，次龙。

第三十八世

云，（生二子：同修、同善。）

龙，于元末明初自诸葛城前往莒南葛家山。（生四子：同新、同德、同喜、同仕。）

第三十九世

同修，（云之长子。）迁莒南葛家集子。

同善，（云子次子。）迁莒南葛家集子。

同新，（龙之长子。生一子：来□。）

同德，（龙之次子。生一子：来诠。）

同喜，（龙之三子。生一子：来祯。）

同仕，（龙之四子。生一子：来祥。）

第四十世

来□，（同新之子。生二子：开君、开臣。）

来诠，（同德之子。生一子：开义。）

来祯，（同喜之子。生一子：开福。）

来祥，（同仕之子。生一子：开寿。）

第四十一世

开君，（来□之长子。生一子：孝升。）

开臣，（来□之次子。生一子：孝斗。）

开义，（来诠之子。生二子：孝三、孝级。）

开福，（来祯之子。生一子：孝纯。）

开寿，（来祥之子。生三子：孝杰、孝亮、孝俊。）

第四十二世

孝升，（开君之子。生一子：从敬。）

孝斗，（开臣之子：生二子：从顺、从范。）

孝三，（开义之长子。生一子：从柱。）

孝级，（开义之次子。生一子：从志。）

孝纯，（开福之子。生三子：从先、从谦、从美。）

孝杰，（开寿之长子。生四子：从君、从学、从习、从文。）

孝亮，（开寿之次子。生一子：从献。）

孝俊，（开寿之三子。生二子：从让、从仲。）

第四十三世

从敬，（孝升之子。）

从顺，（孝斗之长子。）

从范，（孝斗之次子。）

从柱，（孝三之子。）

从志，（孝级之子。）

从先，（孝纯之长子。）迁木柞村。

从谦，（孝纯之次子。）迁樊母村，即坊坞村。

从美，（孝纯之三子。）复归诸葛城，后迁坊坞村。

从君，（孝杰之长子。）

从学，（孝杰之次子。）

从习，（孝杰之三子。）

从文，（孝杰之四子。）

从献，（孝亮之子。）

从让，（孝俊之长子。）

从仲，（孝俊之次子。）

（二）琅玡诸葛氏家训集锦

静以修身，俭以养德。

——诸葛亮语，见《诫子书》

志当存高远。

——诸葛亮语，见《诫外生书》

非澹泊无以明志，非宁静无以致远。

——诸葛亮语，见《诫子书》

非学无以广才，非志无以成学。

——诸葛亮语，见《诫子书》

学须静也，才须学也。

——诸葛亮语，见《诫子书》

淫慢不能励精，险躁不能治性。

——诸葛亮语，见《诫子书》

合礼致情，适体归性。

——诸葛亮语，见《又诫子书》

鞠躬尽瘁，死而后已。

——诸葛亮语，见《后出师表》

人之忠也，犹鱼之有渊。鱼失水则死，人失忠则凶。

——诸葛亮语，见《太平御览》卷二七三

杀身以安国，蒙诛以显君。

——诸葛丰语，见《汉书》卷七十七

在家思孝，事君思忠，朋友思信。

——诸葛靓语，见《世说新语·言语》

尊五美，屏四恶，进忠实，退浮华。

——诸葛恢语，见《晋书》卷七十七

势利之交，难以经远。士之相知，温不增华，寒不改叶，能四时而不衰，历夷险而益固。

——诸葛亮语，见《论交》

编辑主持：方国根　李之美
责任编辑：崔秀军
版式设计：汪　莹

图书在版编目（CIP）数据

琅玡诸葛氏家风／汲广运 著．－北京：人民出版社，2015.11
（中国名门家风丛书／王志民 主编）

ISBN 978－7－01－015094－9

I. ①琅…　II. ①汲…　III. ①家庭道德－山东省　IV. ①B823.1

中国版本图书馆 CIP 数据核字（2015）第 173551 号

琅玡诸葛氏家风
LANGYA ZHUGESHI JIAFENG

汲广运　著

人民出版社 出版发行
（100706　北京市东城区隆福寺街 99 号）

北京汇林印务有限公司印刷　新华书店经销

2015 年 11 月第 1 版　2015 年 11 月北京第 1 次印刷
开本：880 毫米 × 1230 毫米 1/32　印张：6.625
字数：110 千字

ISBN 978－7－01－015094－9　定价：22.00 元

邮购地址 100706　北京市东城区隆福寺街 99 号
人民东方图书销售中心　电话（010）65250042　65289539